チベット密教の瞑想法

ナムカイ・ノルブ……［著］
永沢 哲……［訳］

法藏館

はしがき

本書は、日本語で書かれたはじめてのゾクチェンの本格的口伝の書である。

すべての生きものは、本来ブッダであり、その存在の土台において、完全な（chen）完成（rdzogs）をとげている。真っ青に晴れわたった大空のように、清らかな空（くう）でありながら、同時に、そこに真新しく立ち上る虹のように、無限に溢れかえる新鮮な知恵の光に満ちている。チベット語の「ゾクチェン」は、そんな存在の根源的ありようを表現している。

このみずからの根源的土台についての無知から、苦しみに満ちた輪廻が生まれる。チベット仏教ニンマ派とボン教を中心に相承されてきたゾクチェン＝アティヨーガの教えは、自己の本質を直接知り抜くことによって、輪廻の無明から軽やかに離脱するための哲学と実践の体系である。

現在ニンマ派において伝承されているゾクチェン＝アティヨーガの教えは、かつてインド北西部にあった古代王国ウッディヤーナで、はっきりした体系をもった教えとして形成され、八世紀頃、チベットに移植された。それ以来、チベットにおいては、すべての仏教の究極の頂点にして、一切の密教の精髄と考えられ、師から弟子へ、厳重な秘密とともに伝承されてきた。

ゾクチェンの教えは、さらに、セムデ（心の本性の部）、ロンデ（界の部）、メンガギデ（秘訣の部）に分かれ、それぞれ独自の概念構造と修行法を持っている。この本では、そのうち、おもにロンデの哲学と修行法が説かれている。だが、著者は、そういう区分を超えた融通無礙、自由自在な口伝をくりひろげ、死後のバルド（中有）にも説きおよんでいる。ゾクチェンの教えは、さまざまなナイーヴな誤解にとりかこまれてきたが、本書は、ゾクチェンの口伝のありようをはじめて直接つたえることによって、そのような誤解を根こそぎにするだろう。

著者のナムカイ・ノルブ・リンポチェ（リンポチェは、すぐれた師僧へのチベット語の尊称）は、ゾクチェンの偉大な導師で「虹のからだ」の悟りをえたアゾム・ドゥクパと、ブータンのドゥクパカギュ派宗主シャプドゥン・リンポチェの転生化身として、幼いころから、顕密にわたる徹底した仏教教育を受けた。その一方で、ヒマラヤ山中で孤独なヨーガ行者として隠棲修行をつづけ、ついには肉体を虹の光に溶けいらせる「虹のからだ」を悟った母方の叔父や、有名な埋蔵経典発掘者で活仏でもあった父方の叔父などの深い影響のもとで、子ども時代から、ヒマラヤの僧院や洞窟での修行をつづけた。

その後、中国人民軍のチベット侵攻にともなって、イタリアに亡命。ローマ大学およびナポリ大学で、チベット史およびチベット仏教、文化の研究者としてユニークな研究を発表するとともに、ゾクチェンを伝授してきた。また、埋蔵経典発掘者でもある（著者のくわしい伝記については、ナムカイ・ノルブ『虹と水晶——チベット密教の瞑想修行——』（一九九二年、法蔵館）を参照されたい）。

このような著者の経歴は、チベットの深遠な精神的伝統の最良の部分を伝承するとともに、不要なものをそぎおとし、地方的文化を超えた普遍的エッセンスをほりだして現代世界に生かすという、独自の姿勢に濃い影をおとしている。深々とした体験と古代から綿々と伝承されてきた叡智の核心が、簡明で直截な言葉をつうじて、現代の世界に姿をあらわす。その口伝のスタイルは、ほかに類を見ないユニークなものであり、核心に直接入りこむゾクチェンの精神をよく表現している。

本書の根本テキストは、その後書きや註釈にもあるとおり、一九八三年、アメリカのマサチューセッツ州コーンウェイで行なわれた伝授のさい、一気呵成に書き下ろされたものである。短いテキストであるけれども、ゾクチェンの修行のエッセンスをあますところなく説き明かしている。英語版（Namkhai Norbu, Cycle of Day and Night, Station Hill Press, 1987）の註釈は、そのとき与えた口伝をもとにしている。

それから一五年後の一九九八年、著者は、イタリアのメリガルで、同じテキストにもとづく二回目の伝授を行なった。日本語版の註釈は、この二回の伝授の内容をまとめて作られており、現在のところ、もっとも完全なものである（そのため、英語版の約二倍の分量にふくれあがっている）。ゾクチェン＝アティヨーガの教えは、昼も夜も三昧に入り続けることによって、すみやかに、完全なブッダの境地へと心を成熟させる。そのための方法として、本書で説かれているのは、青空を凝視する瞑想と睡眠のヨーガである。読者は、その方法の単純さと直接性に驚かされるだろう。

この本が、みずからの内なる叡智を開きたいと考える読者の役に立つように祈っている。

永沢　哲

チベット密教の瞑想法・目次

IV　はじまりの叡智　永沢　哲　209

装幀・谷村彰彦

チベット密教の瞑想法

༄༅། །གདོད་མའི་མགོན་པོ་འོད་མི་འགྱུར། །དཀྱིལ་འཁོར་ཀུན་གྱི་འབྱུང་གནས་གཙོ། །
མ་ཆེན་རབ་ཡེ་ཤེས་རྒྱ་མཚོ་བརྙེས། །ཀུན་བཟང་ཡབ་ཡུམ་ལ་ཕྱག་འཚལ། །

サーマンタバドラ

I

英語版訳者による序文

ヴァジラサットヴァ

ここに翻訳した「昼と夜のサイクル――原初のヨーガの道を進む――」(gdod-ma'i rnal-'byor gyi lam-khyer nyin-mtshan 'khor-lo-ma) はゾクチェンについて書かれた学問的紹介ではない。ゾクチェンの哲学についての論文でもなければ、チベットに現存するゾクチェン文献の学問的研究でもない。本書はウパデシャ[1]（秘訣）、すなわちゾクチェンの修行のもっとも大切なポイントについての教えである。昼も夜も継続的に三昧の修行を行なうための方法を、きわめて厳密に細部にわたって、しかも簡潔に説いている。

伝統的には、ウパデシャとは悟りの道に深く信仰を持っている弟子に師匠から個人的に与えられる秘密の口伝である。そういうウパデシャは、修行において疑いなく高い悟りを成就した導師の個人的な体験から生まれてくる。理論的であれ、実践的であれ、大切なポイントにふれるものであり、それは行者の修行と、瞑想体験にとって直接的な意味をもっている。

ナムカイ・ノルブ・リンポチェはそういう達成を得た導師である。東チベット、デルゲの貴族の家に生まれ、最高の学問的な教育――デルゲの場合、チベット仏教サキャ派の教育であった[2]――を受けた。また、幼時にアゾム・ドゥクパ（一八四二―一九二四）の転生化身（トゥルク）として認められた。アゾム・ドゥクパは今世紀初頭の東チベットにおいてもっとも有名なゾクチェンの導師であった。その後、第一六世ギャルワ・カルマパとパルプン・タイ・シトゥ・リンポチェによって、チベット仏教ドゥクパ・カギュ派の指導者であり、すぐれた学僧であった令名高きドゥクパ・ペマ・カルポ（一五二七―一五九二）の転生化身として認められた。

しかし、ゾクチェンの心髄は学問的な教育の中にあるわけではないし、宗派の中で高い地位を持つことがその前提になるわけでもない。ゾクチェンはそういう知的、文化的な制限をすべて超えている。心の本質にめざめさせる根本グル（rtsa-ba'i bla-ma）[3]に会ったとき、著者のナムカイ・ノルブ・リンポチェは直接的な個人的な悟りの体験として、ゾクチェンの意味をはじめて理解したのである。

ニャラ・チャンチュプ・ドルジェ（一八二六―一九七八）こそが著者の根本グルであった。ニャラ・チャンチュプ・ドルジェはニンマ派のラマにして医師であり、デルゲの東郊外の渓谷にあった在俗行者の共同体の、霊的な指導者であった。この師匠からノルブ・リンポチェはセムデ、ロンデ、メンガギデ[4]というゾクチェンの三つの部の最も重要な伝授を受けたのである。

このテキストは、著者自身の個人的な体験およびゾクチェンの悟りから書かれている。個人的体験と、伝統が融合したものである。ゾクチェンの教えは、セムデ（心の本性の部）、ロンデ（界の部）、メンガギデ（秘訣の部）に大きく分かれるが、そのうちロンデ（klong-sde）の部の中には昼も夜も三昧の修行をするための口伝がある。特に、ガーラップ・ドルジェによって書かれた『菩提心修錬法要訣』（Byang-chup sems bcos thabs mdor bsdus）[5]の中にそういう口伝が見られる。チベット仏教の伝統によれば、ガーラップ・ドルジェは地球においてゾクチェンを教えた、もっとも大切な導師であった。本書の内容はそういう修行法をナムカイ・ノルブ・リンポチェが要約したものという側面をも持っている。

一　ゾクチェンの起源と特徴

さて、ゾクチェンはチベット仏教の一部として認知されてはいるが、一般にはまだよく知られていない。そこで、チベット仏教におけるその位置と、ゾクチェンの起源についてここで少し説明しておきたい。

チベットにおいては、伝統的にゾクチェンは最高かつもっとも本質的なブッダの教えであると考えられてきた。ゾクチェンはふつうチベット仏教の源流であるニンマ派と関係づけられるけれども、ゾクチェンはそのような宗派の壁を完全に超えている。そもそも、チベットにゾクチェンが招来されたのは、チベット仏教の中に宗派が生まれるはるか以前のことだった。そういう宗派は、十一世紀にサンスクリットからチベット語への新しい経典の翻訳が行なわれた時に生まれたものなのである。

古訳期（七―九世紀）に由来する伝統をはぐくんできたのはニンマ派であったために、ゾクチェンは往々にしてニンマ派と結び付けられている。しかし、ゾクチェンは宗派でもなければ、哲学の学派でもないのである。ゾクチェンは制約された存在のありようを超えた原初の境地を悟るための道であり、それゆえ特定の文化や歴史的文脈の中にはおさまりがつかない。

チベット語のゾクチェン（rdzogs-pa chen-po）という言葉は、サンスクリット語のマハーサンディにあたり、よく「大いなる完成（大円満）」などと翻訳されている。どうして「大いなる完成」と呼ばれるかといえば、それ自体で完全かつ完成（rdzogs-pa）しており、なにも欠けたものがないからであり、またそれを超えたもの、それよりも偉大なものがないという意味において大きい（chen-po）からである。しかし、基本的にゾクチェンという名称は他の哲学的な教えと並び称されるものではなく、ひとりひとりの原初の境地、もともとそなわっている仏性をさしており、心の本性と同じ意味である。

ゾクチェンのタントラ、特にセムデ（sems-sde 心の本性の部）[6]のタントラにおいては、この原初の境地は菩提心と呼ばれている。この文脈においては、菩提心という語は、一般によく知られている大乗仏教の顕教の場合とは違う意味をもっている。大乗の顕教経典の中では菩提心、すなわち悟りの心とは、はじまりのない死と再生の循環である輪廻からすべての生き物を解放しよう、そして利益しよう、そのためにブッダのこの上ない最高の悟りを達成しようという菩薩の決意のことである。しかし、ゾクチェンのタントラにおいては、菩提心はたいへん特別な意味をもっている。

菩提心のサンスクリット語、ボディチッタ（bodhicitta）はチベット語ではチャン・チュプ・セム（byang-chub sems）と訳されている。ゾクチェンにおいては、チャン（byang）はもともとのはじまりから「清らか」である（ka-dag）、そしてチュプ（chub）は完成している、すなわち自然状態においてあるがままで完成している（lhun-grub）、またセム（sems）すなわち「心」は慈悲の無礙なるエネルギーを、それぞれ意味していると解釈される。

原初から清らかであること（ka-dag）と自然状態において完成していること（lhun-grub）は原

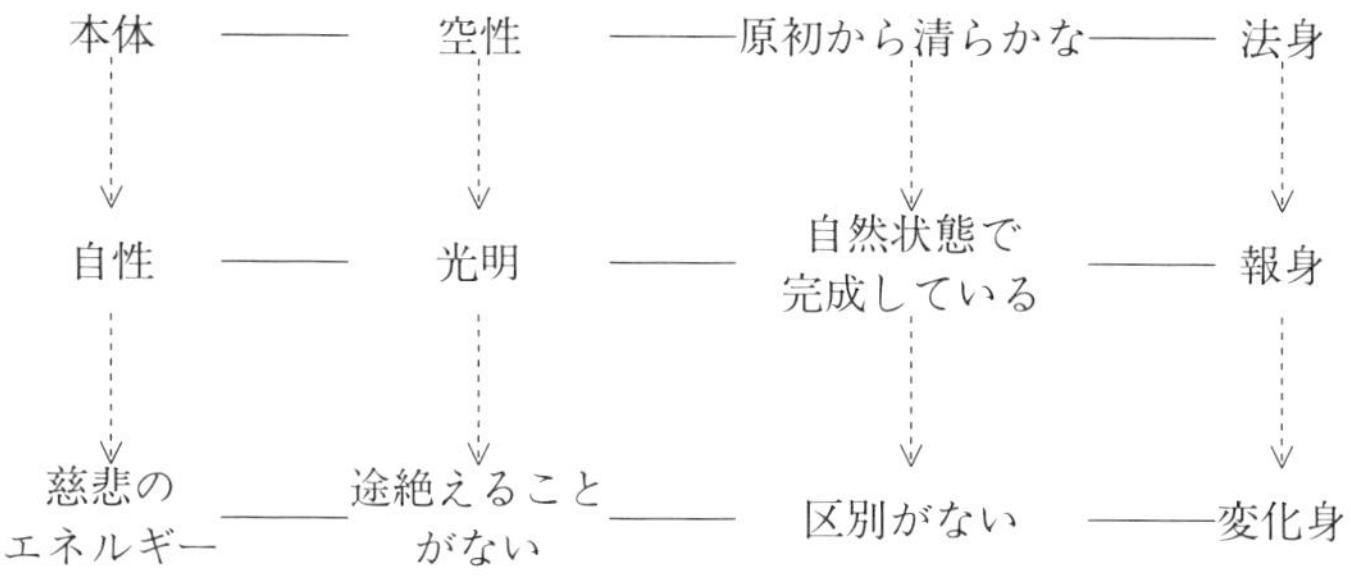

ゾクチェンにおける三位一体構造

初の境地の二つの側面である。心の本性において、この二つの側面は決して分けることのできない一体をなしているのである（dbyer-med）。原初の境地については上の図のようにその意味をまとめてみることができる。

原初の境地は一つのものだけれども、それについて、またそのあらわれかたについて考える時には、三つの側面（chos gsum）を区別する。心の本体は原初から清らかであり、空である。これが法身である。自性は光明であり、自然状態においてあるがままで完成している。これが報身である。慈悲のエネルギーは無礙であり、すべてに浸透している。これが変化身である。原初の境地とは心の本性であり、それは本体、自性、慈悲のエネルギーとしてあらわれるのである。

すべての霊的な道は土台（gzhi）、道（lam）、結果（'bras-bu）の観点から分析することができる。たとえば、因の乗すなわち大乗の顕教においては、土台となるのはもともと私たちにそなわっている仏性であり、道は布施、持律、忍辱、精進、禅定、智慧の六波羅蜜の実践である。菩薩は六波羅蜜を三阿僧祇劫の間、実践し、結果としてブッダの三つの次元、すなわち三身(7)を達成するのである。この場合、因としてもともとそなわっている仏性があると考えるので、因の乗と呼ばれる。

しかし、顕教においては、仏性は単なる潜在的な可能性にすぎない。地面に植えられた大木の種のようなものである。四季のめぐり、雨などといった二次的な条件（縁）があってはじめて発芽し、成長し、結実する。それと同じく、福徳と智慧の集積によって、私達がもともと持っている仏性は三身として実を結ぶのである。

しかし、ゾクチェンの場合、見解はひどく異なっている。三身は、もともとのはじまりから心の本性として完全に存在している。ただ、煩悩と知識による障害（煩悩障と所知障）の何層にも積み重ねられた汚れによって、それを認識することができなくなっているのである。それは、ちょうど空の太陽が雲によって隠されてしまうのと同じようなものだ。太陽は私たちの目には見えないかもしれないが、どんな時でも大空に輝いている。だからこそ、雲がなくなれば太陽をはっきり見ることができる。仏性も同じだ。どんな時でも存在している。ただ、わたしたちはそのことに気がつかないでいるのである。

認識されてはいないけれども、三身は、もともとのはじまりから心の本体、自性、慈悲のエネルギーとして完全に存在している。したがって、ゾクチェンの場合、土台は三身であり、道は三身であり、結果も三身だということになる。ゾクチェンは結果の乗である。果はすでに因として存在しているのである。

ゾクチェンにおいては、心の本性（sems nyid）と心（sems）をはっきり区別する。後者は思考の過程やとぎれることのない妄念（rnam-rtog）の流れをさしている。分別や思考は、常にわたしたちの内部で生じ続けている。この区別はゾクチェンを理解する上で鍵になるものであるから、はっきり理解しておく必要がある。このことを理解する助けとなる伝統的なたとえがある。心の本性は磨きぬかれた鏡のようなものであり、絶えず湧き起こってくる思考、感情、衝動、煩悩、感覚などは、この鏡に映し出された映像のようなものだというのである。

チベット語のリクパ（明知 rig-pa）は、もともとそなわっている原初の叡智、あるいは純粋な覚醒と翻訳することができる。リクパは、美しいものであれ、みにくいものであれ、その前に置かれたものを映し出すことができる鏡の力にたとえることができる。リクパの反対語はマリクパ（ma rig-pa）、すなわち無明あるいは叡智ないし自覚の欠如した状態である。

覚醒と自覚をたもっているときには鏡の状態にあって生きているのであり、それに対して無明の状態にあるときには、そこに映し出された映像の中に入りこみ、自分の前にあるものは実体であり、現実的なものだと考えているのである。リクパの状態にあるとき、私達はブッダの境地にある。それに対して無明によってふたたび輪廻の中に入るのである。

原初の境地（ye gzhi）というのは、あるがままの状態（真如 ji bzhin nyid）の境地にある心の本性（sems nyid）をさしている。これは時間や制約された存在のあり方を超えている。ブッダの境地は、もともとのはじまりから心の本性として完全に悟っており、開花している。ただ、そのことに今まで気がつかないできたのである。グルないし師匠（bla-ma）の役割は、心の本性すなわち純粋な叡智（rig-pa）について理解させることである。この本来の覚醒の境地に入ることが、三味（ting-nge 'dzin, Skt. samadhi）の意味するところのものである。

三昧と修習（sgom-pa）は、まったく別のものであり、はっきり区別する必要がある。リクパすなわち覚醒した本来の叡智は、制限された存在のありようや時間の中の過程の外部にあり、それを超えている。本来の叡智は、心を超えている。それに対して修習は心のはたらきにかかわっている。だからそれは制約されたものだし、時間の中の出来事であるといえる。

導師はまず最初に心とは何か、また心の本性とは何か、直接的な体験をつうじて示し、弟子を導きいれる。心と心の本性の区別をはっきり具体的に理解するための方法は無数にある。その中の一つは、コルデ・ルシェン（'khor 'das ru-shan）すなわち「輪廻（'khor）とニルヴァーナ（'das）を区別する」と呼ばれている。輪廻とは心（sems）を、ニルヴァーナとは心の本性（sems nyid）を、それぞれ指している。このコルデ・ルシェンこそ、ゾクチェンの本当の前行（sngon 'gro）である。ふつう、グンドーと呼ばれているもの（訳註―十万回の五体投地、金剛薩埵の瞑想、マンダラ供養、グルヨーガの修行を指す）はゾクチェンではなく、タントラすなわち変化の道の前行なのである。(8)

もちろん、そういった顕教や密教の修行も、ゾクチェンにおいては有益なものとして使うことができる。しかし、ゾクチェンにおいてもっとも大切なのはグルヨーガ（bla-mai rnal-'byor）である。なぜなら、ゾクチェンは他の霊的な教えと同じく血脈にもとづいており、グルヨーガは自分が受けた伝授の血脈をすべて大切に生かし続けるための一番重要な方法だからである。

二　ゾクチェンと仏教の九つの乗り物

ゾクチェンの教えのもっとも古い源泉は、ゾクチェンタントラと呼ばれる経典である。これらの経典は、最初ウッディヤーナの言葉で書かれた。ウッディヤーナ(9)はインドの北西にあった古代の国で、ウッディヤーナ語はサンスクリット語と類似している。

ふつう、ブッダの教えは顕教と密教という、二つの種類の教えに分類される。それらの教えはすべてブッダヴァーチャナ、すなわちブッダの真実の言葉であると、チベット人のラマたちは考えてきた。ブッダはさまざまな理論や修行を教えたけれども、それはブッダに一貫性が欠けていたり、真実を理解していなかったからではなく、その教えを聞く弟子たちの能力、何を理解できるかという能力に違いがあったからである。ブッダは大いなる慈悲を持ち、方便に巧みであった。だから、弟子が本当に理解し、実際に修行することができるように、それぞれの弟子の理解の程度に応じて教えを与えたのである。このような仏教の教えは小乗、大乗、そして金剛乗という悟りへ到る三つの乗り物に分類されている。

チベットのニンマ派は、このようなブッダの教えをより精密に九つの階梯をなす乗り物（theg-pa rim dgu）に分類している。

最初の乗り物は声聞乗すなわち小乗仏教の弟子である声聞の乗り物である。この道は、ブッダがサルナートの鹿野苑（バラナシ近郊）で行なった最初の説法、すなわち初転法輪の中でおもに教え

一　声聞乗	小乗		顕教
二　独覚乗			
三　菩薩乗（波羅蜜乗）	大乗		
四　クリヤタントラ（所作タントラ）	外タントラ		密教
五　チャリヤタントラ（行タントラ）			
六　ヨーガタントラ			
七　マハーヨーガ	内タントラ		
八　アヌヨーガ			
九　アティヨーガ＝ゾクチェン			

九　アティヨーガ＝ゾクチェン
- セムデ（心の本性の部）
- ロンデ（界の部）
- メンガギデ（秘訣の部）

仏教の九つの乗り物

られたものである。この説法の中で、ブッダは四聖諦と八正道を説かれた。これらの教えは、小乗経典の中で、詳しく彫琢して説かれている。

二番目の乗り物は、ひとり、孤独の中で悟りを得る独覚の乗り物すなわち独覚乗である。声聞は正しい道を見いだすために、ブッダの口伝を聞かなければならないがゆえに、声聞と呼ばれる。これに対して独覚は自分自身で道を探し出し、森の中であらゆるコミュニケーションや人間とのつきあいを避けて、孤独な瞑想修行の生活を送る。そのため独覚は孤独を好み、非社会的な習性を持つ犀にたとえられる。

この二つの乗り物は、小乗すなわち悟りへの小さな乗り物にふくまれる。利他の実践に欠け、個々の修行者の個人的な救済のみを目的としているから、「小さな乗り物」と呼ばれる。中心となる方法は、放棄の道（spong lam）である。小乗の場合、土台は世俗への厭離の念であり、道は戒・定・慧の三学であり、結果は個人的に輪廻から解脱する阿羅漢

（声聞の場合）あるいは独覚の悟りである。

三番目の乗り物は菩薩乗である。菩薩とは完全な悟りを得たブッダの境地に至るための道の途上にある存在であり、阿羅漢の小さな目標を超える菩提心、すなわち悟りの心を起こす。自分の利益のためだけではなく、すべての生き物を輪廻から救い出し、解脱させるために、最高にすぐれた完全なブッダの悟りを達成しようという決意こそが、菩薩の菩薩たるゆえんである。この道は大乗、すなわち大きな乗り物と呼ばれる。なぜなら、全体的普遍的な救済、すなわち自分だけでなくすべての生き物を輪廻から解き放とう、という大きな目的を持っているからである。

これらの教えはラジギールの近くの霊鷲山や他の場所でブッダが与えた説法が書かれている大乗経典の中にある。その説法には、第二転法輪と第三転法輪の両者の内容がふくまれている。前者は般若波羅蜜を説き、後者は唯識を説いたものである。この二種類の説法から、極端な見解をすべて退けて中道を説く中観派と、唯識をおもに説いた瑜伽行派の二つの哲学的学派が生まれた。大乗の場合、土台は本来持っている仏性であり、道は福徳と智慧を集積するために六波羅蜜を実践することであり、結果はブッダの悟りを得ることである。もっとも大切な方法は浄化の道（sbyong lam）である。

小乗と大乗の教えはひとまとまりに顕教と呼ばれ、歴史上のブッダすなわち変化身であるところのシャキャムニが教えたとされている。これに対して、タントラの教えは、歴史を超えた報身のブッダである金剛薩埵によって啓示されたものだと言われている。タントラは、ヴァジュラヤーナ（金剛乗）すなわち「悟りにいたるダイヤモンドのような乗り物」とも呼ばれ、顕教に対しては密教と呼ばれる[10]。

さて、このニンマ派の分類法において、密教は外タントラと内タントラに大きく二分される。外タントラには、クリヤタントラ、チャリヤタントラ、ヨーガタントラの三つの乗り物が含まれる。これらのタントラでは、複雑な儀式や浄化を方法としてもちいる。この三つの乗り物の場合、大乗顕教と同じく、もっとも大切な方法は浄化の道である。ただし、ヨーガタントラにおいては部分的に変化の道の方法がもちいられる。

四番目の乗り物はクリヤタントラである。クリヤタントラの修行はおもに外的なものであり、かなり多くの儀式を行なわなければならない。クリヤとは儀式の意味であり、そこからこの名前は由来している。

五番目の乗り物はチャリヤタントラである。チャリヤタントラの修行には、外的な部分と内的な部分の両面がある。チャリヤとは行為という意味である。ふるまい方についてたくさんの決まりがあるのでチャリヤと呼ばれる。ブッダの境地にいかに到達するかという点について、クリヤタントラとチャリヤタントラは大乗顕教と同じ説明の仕方をとる。

六番目の乗り物はヨーガタントラである。ヨーガタントラの修行は大半、内的なものである。すなわち儀礼よりも観想が重視され、本尊と行者が実際に一体になるヨーガを体験する。

内タントラには、マハーヨーガ、アヌヨーガ、アティヨーガの三つの最高の乗り物が含まれる。高度のタントラであるマハーヨーガ、アヌヨーガは、変化の道（sgyur lam）である。この道については次のようなたとえを使って説明する。

小乗の修行者は、道を歩いていて、煩悩の毒草を目にすると、それを恐れ、避け、身を遠ざける。なぜならその毒のもたらす結果を知っているからである。これに対して、大乗の修行者は、同じ道をやってきて同じ毒の草を見ても、それに触れることを恐れない。なぜなら、毒に対処（対治）する方法を知っているからである。禅定の中で毒を空性に溶け入らせることによって浄化する方法を知っているから、何も影響を受けない。ところが、金剛乗の修行者は、道をやってきて毒の草を見ても、その草の実を食べることを恐れたり、躊躇したりしない。なぜならその毒を清らかな甘露に変える方法を知っているからである。煩悩の毒を自分で悟りの智慧（ye-shes）の霊薬に変えるという錬金術的な変容の方法をとるのである。

七番目の乗り物であるマハーヨーガ経典は、タントラの部（訳註―『秘密心髄タントラ』をはじめとする基本経典）と成就の部（訳註―出世間と世間の八部のタントラ）に分かれる。マハーヨーガでは本尊とマンダラの複雑な観想を行なう生起次第（bskyed-rim）を重視する。マハーヨーガの場合、本尊とマンダラを、段階を追って作り出していくような観想を行なうので、段階的な変容の儀式次第が方法としてもちいられることになる。この過程は顕現と空性が不二である境地（snang stong zung-'jug）の悟りへと至る。

インドの密教経典の新訳にもとづくサキャ派、カギュ派、ゲールク派というチベット仏教の新しい宗派は、無上ヨーガタントラを重視するが、新訳派の無上ヨーガタントラはニンマ派におけるマハーヨーガタントラにほぼ対応していると言われる。

八番目の乗り物であるアヌヨーガは、脈管とプラーナの生命エネルギーを用いる秘密のヨーガ

（rtsa-rlung）を重視する。究竟次第によって、修行者は楽と空性が不二である境地（bde stong zung ’jug）を体験する。アヌヨーガの変化の方法は、次第を追わないものであり、その点においてマハーヨーガとは異なっている。

この二つの高いタントラの場合、土台は霊的な脈管とチャクラをそなえた人間の体であり、道は生起次第と究竟次第であり、結果は三身の悟りである。

九番目の最高の乗り物であるアティヨーガは、ゾクチェンとも呼ばれる。ゾクチェンはわたしたちがすでに見たように「大いなる完成」という意味である。ゾクチェンでは、生起次第も究竟次第も必要ではない。ゾクチェンにおいて決定的に重要な方法は、顕教や密教におけるような放棄や浄化や変化ではなく、自己解脱の道（rang grol lam）である。変化の修行をその前に行なったりせず、直接に三昧の境地に入るにはどうしたらいいかが重視される。その結果として明知と空性が不二である境地（rig stong zung ’jug）を悟る。

アティヨーガのゾクチェンタントラには、三つの教えの部がある。

一番目はセムデ（sems sde）すなわち「心の本性の部」である。心の本性の部においては、より知的な方法をもちい、三昧の境地に入るためにはどうしたらいいか、一歩一歩進んでいくための説明が行なわれる。セムデは無上ヨーガタントラのマハームドラと似ており、修行の道程は、同じく四つのヨーガないし四つの段階に分けられている。

ロンデ（klong sde）すなわち「界の部」の方法は、もっと直接的なものである。三昧の境地にはいるための四つの方法を同時に用いる。その点において、心の本性の部が段階的に進んでいくのとは異なっている。

最後はメンガギデ（man-ngag gi sde）すなわち「秘訣の部」である。メンガギデは、すでに三昧に入ることができるようになっていることを前提に、三昧の境地にとどまりつづけるための方法や口伝を与えるものである。ゾクチェンタントラの中のこれらの教えはすべて、法身である原初仏サーマンタバドラによって啓示されたものである。法身は知性や概念の枠を超えている。

ゾクチェンタントラは、二五〇〇年前に北インドに生まれ、教えを説いた、歴史上のブッダであるシャキャムニによって説かれたものではない。もともとブッダの悟り、あるいは悟りの根源的な境地というのは、歴史や時間の外にあるものだ。悟りの境地は、ある限られた場所にのみ存在するわけではない。誰かが、ある特定の時間にブッダの境地に到達し、後から生まれた者は、その時起こったことや、それに由来する伝統を守る以外のことはできないというわけではないのである。

解脱というのは、歴史的な出来事に対する信仰と同じではない。ブッダの境地は歴史や時間の外部にあるのである。

このように、時間の外部にあり、根源的なものだという意味において、ブッダの境地は「原初の」ものだと言える。このブッダの境地は、すべての有情の心に等しくつねに存在している。だからこそ、すべての生き物は解脱や悟りを得るための潜在的な可能性を持っているのである。生き物は、ただ一つの例外もなく、潜在的な意味においては、すべてブッダなのである。

ブッダの心の境地は、今ここに存在しているし、いついかなる場所においても、存在してきた。

ただ、無始の過去から転生を続けてきたあいだじゅう、このブッダの心の境地は煩悩と知識の障害によって曇らされてきたのである。だが、だからといって、このブッダの心の境地が、いつでも存在し続けてきたことに変わりはない。太陽は雲によって隠されることはあっても、なくなることはない。いつでも、大空に存在している。それと同じだ。雲がなくなれば、はっきりと太陽が見える。それと同じように、障害がなくなれば、もともと備わっている仏性が自然にあらわれ、その輝くようなすばらしい特性がはっきり見えるようになる。ただ、その仏性に今まで気がつかなかっただけなのである。

霊的な道、仏教の説くダルマの修行は、すべてこのような仏性を暗く覆い隠す障害を取り除くためのものである。修行によって、もともとそなわっているブッダの心の境地は耀きわたり、すべての生命と世界を光によって照らし出す。悟りの根源的な境地は、時間や制限された存在のありようを超えている。だから、ブッダの悟りはどんなときでも発現しうるし、時間や歴史のある特定の時点で起こった啓示や化身の出現に限定されるようなものではない。

ゾクチェンの教えは、この惑星の人類史をつうじて、何回も啓示されてきたし、またこれからもそうだろうといえる。実際、ゾクチェンタントラの中には、紀元前にあらわれた一二人の偉大な導師――シャキャムニは、そのうちの一人である――について書かれている。

また、ゾクチェンは、地球を支配している人類にのみ限られる教えではない。ゾクチェンタントラ、特に「シャプタ・マハープラサンガタントラ」[11]には、一三の星系においてゾクチェンは現在も伝承され、教えられていると書かれている。同じ経典によれば、六四億のゾクチェンタントラのうち、ごくわずかなものだけが、わたしたちの世界に残されているのだという。こういったタントラの多くは、他の世界や他の存在次元から、人間や人間以外のヴィディヤダーラによって持ってこられたものなのである。ヴィディヤダーラ——チベット語ではリグズィン（rig-'dzin 持明者）——というのは、原初の心の境地（rig pa）を悟った（'dzin）存在のことである。

ブッダの心の境地、すなわち悟りの根源が、時間や歴史的な条件の外の世界にあらわれてきたとき、それを金剛薩埵と呼ぶ。そのような顕現は、五つのすぐれた側面（五円満 phun-tsogs lnga）をそなえている。円満な導師は、報身の金剛薩埵である。金剛薩埵が顕現する円満な場所は、存在の最高の次元である究竟天（訳註—色究竟天とは別に、執金剛や報身のブッダの住処とされる）である。その教えを聞く円満な眷属は、偉大なる菩薩たちである。円満な教えは、大乗と金剛乗の最高の教えである。この次元の生じる円満なる時は、永遠であり、時間の外にある。

心が浄化され、清らかな顕現の中を生きるようになった菩薩は、報身の浄土を見、ブッダである金剛薩埵から直接教えを受けられるようになる。シャキャムニの時代の後に、インドやウッディヤーナに、サラハ、ナーガルジュナ、カンバラパ、ジャー王などの大成就者（マハーシッダ）があらわれ、タントラの啓示を受けたのはそういうわけである。

三　ゾクチェンの血脈

ゾクチェンの伝統には、三つのおもな伝授がある。一、直接の伝授（密意の伝授 dgongs

brgyud）——いっさい言葉をもちいないで、心から心へ一瞬にして、また直接に起こる伝授である。二、象徴による伝授（brta brgyud）——しるしや象徴を目に見える形で見せることによる伝授である。沈黙の中で、あるいはごくわずかの言葉をもちいて行なわれる。三、言葉による伝授（snyan brgyud）——導師の口から弟子の耳へ、言葉によって説明を行なう。

このゾクチェンの伝統においては、教えの究極の源泉は、法身の原初仏サーマンタバドラ（kun tu bzang-po）である。法身すなわちサンスクリット語の「ダルマカーヤ」（dharmkāya）という言葉は、すべての現実（dharma）の次元（kāya）という意味である。チベットの伝統的な仏画の中で、サーマンタバドラは、紺青色のからだをし、青空のまん中に、瞑想の姿勢ですわる裸のヨーガ行者として描かれている。法身は、知性や概念を超えており、言葉によって表現することはできない。しかし、すべてに遍満し、形のないものを、このような姿によって表現することによって、限られた人間の意識が、その深遠にして広大な真実の意味を具体的に感じとることができるようにしているのである。

サーマンタバドラは裸であるが、それは、心の本性はすべての分別や思考を脱ぎ捨てた赤裸々なものであることを象徴している。青い空のような色は、空のごとくからっぽで、透明で、開かれている心の本性のありかたを象徴している。サーマンタバドラは、時間や限られた存在のありようを超えており、輪廻に落ちたことがないから、原初仏と呼ばれる。もともと清らかで、また一時的な汚れも浄化されている。

ゾクチェンの教えは、法身のサーマンタバドラから報身の金剛薩埵へ伝えられたが、その伝授のしかたは直接の伝授（dgongs brgyud）にあたる。ゾクチェンのタントラの中では、ふつう教えは――たとえば「すべてを生み出す王のタントラ」（Skt. kulayaraja-tantra）[12]のように――サーマンタバドラと金剛薩埵の対話として進んでいく。サーマンタバドラが教師（ston-pa）であり、金剛薩埵がその教えを聞く眷属（'khor）である。本当は、ゾクチェンのタントラの中に説明されているように、教えを説くものと、それを聞くものは同一である。ただ、人間に理解できるように、二つの独立した別個の存在として象徴的に表現し、その対話として描いているのである[13]。

金剛薩埵はブッダの報身にあたる。しかし、伝統的に、報身は、五如来――西洋ではふつう五禅定仏と呼ばれている[14]――として一つにまとめて表現される。これらの五如来も、金剛薩埵の教えを聞く聴衆として描かれる。この場合も、教師とその教えを聞くものは、本質においてやはり等しい存在なのである。

金剛薩埵は、白色の体をしており、手には金剛と金剛鈴を持っている。これらは、それぞれ悟りの境地の本質的な要素である慈悲と智慧を象徴している。金剛薩埵は、かつてインドの王子たちが身につけていたような宝石や貴石の飾りとすばらしい絹を身にまとっている。これらのかざりは、報身の豊かさや、あふれかえるような富を象徴している。

サンボーガカーヤ（報身）というサンスクリット語は、喜びを楽しむ（sambhoga）次元（kāya）という意味である。菩薩の霊的な成長段階[15]のうち、七地から十地にある偉大な菩薩たちは、報身の壮麗なヴィジョンと霊的な聖なる次元を享受する。そのためこのように呼ばれるのである。報身はすでに述べたような五つの円満な特徴を持っている。

存在の最高の次元に永遠に住している報身の金剛薩埵から、他のさまざまな存在＝生命の世界にあらわれた変化身にゾクチェンの教えを伝えるやり方が、象徴による伝授（brda brgyud）である。このような伝授は、デヴァ（天人）やナーガ（龍）やヤクシャ（夜叉）やラクシャサ（羅刹）といった、人間以外の生物種に属す持明者にも、たくさん起こってきた。人間の世界におけるもっとも重要な伝授は、報身の金剛薩埵から変化身のプラヘーヴァジュラ、すなわちガーラップ・ドルジェ[16]に伝えられた伝授である。そのため、ガーラップ・ドルジェは、人間世界におけるもっとも重要なゾクチェンの導師であり、金剛薩埵の化身とされる。

ガーラップ・ドルジェすなわちプラヘーヴァジュラは、インド北西に位置していたウッディヤーナ国に生まれた。いくつかの文献によれば、それは紀元前八八一年[17]に歴史上のブッダであるシャキャムニがニルヴァーナに入った一六〇年後の出来事だったという。

ウッディヤーナ国には当時、ダナコーシャという巨大な湖があった。ダナコーシャは「富の宝庫」という意味である。この湖の岸辺には、シャンカラクータという壮麗な寺院があり、そのまわりには一六〇八の堂が取り囲んでいたという。ウッディヤーナ国は、ウパラージャ王とプラバーバティ妃によって支配されていた。二人には娘が一人あった。この王女スーダルマは徳高く美しい娘へと成長し、何人かの導師が仏法を説くのを聞いて、世俗の生活を捨て、比丘尼の戒を受けた。そして、スカーという女の召し使いとともに、ダナコーシャ湖のまん中にあった金の砂でできた島にこもった。粗末な草の小屋で瞑想し、ヨーガタントラの修行を行なっていたのである。

ある夜のこと、比丘尼のスーダルマは、白い純粋な光に輝く一人の男が空からやってきて、彼女の頭の上にオーム・アー・フーム・スヴァ・ハー[18]という五つの種字が刻まれた水晶の壺を置く夢を見た。男はそうやってスーダルマを浄化し、聖化すると、光に溶け入り、スーダルマの体内に入った。その瞬間、彼女は三界のすべてを見ることができた。

次の日の朝、比丘尼のスーダルマは、少女の召し使いに自分の夢のことを話した。スーダルマが妊娠していることがわかったのは、それからしばらくしてからのことだったのである。

比丘尼のスーダルマは、処女で男を知らなかったから、父王や王国のすべてが、自分の不名誉な状態を耳にするのではないかとたいへん恐れた。

数ケ月後、息子が生まれた。この子はデヴァ（天人）の世界でゾクチェンの教えを受けた、デヴァの持明者の生まれ変わりだったのだが、母親にはそのことがわからなかった。

比丘尼は恐れ、恥じ、「この父なし子は悪霊に違いない」と叫んで、小屋の外にあった灰でいっぱいの穴に子どもを投げ込んだ。女の召し使いは、その子どもにいくつかの吉祥なしるしがあることに気づき、偉大な菩薩の生まれ変わりかもしれないと比丘尼に忠告したけれども、動転した比丘尼は耳を貸そうとはしなかった。ところが、その瞬間、たくさんの不思議な音が聞こえ、まわりじゅうに虹の光があらわれたのである。

三日後、少し落ち着き、良心のとがめを感じた比丘尼は、小屋から出て灰の穴の中の赤ん坊を見に行った。不思議なことに、その子は傷一つなく元気だった。その瞬間、比丘尼はそれが化身（sprul-pa）であることを理解し、自分の小屋に連れ帰ると、湯浴みをさせた。

その瞬間、空から声が聞こえてきた。

「守護者にして教師、事物のありようを明晰に説く主、世間を守るかた、どうかわたしたちをお守りください。空の金剛よ、あなたに祈ります」

ダーキニー[19]たちは、処女から生まれたこの希有なる子どもをたたえ、供物をささげた。すると、ただちにその子はしゃべりはじめ、ダーキニーたちに教えを説いた。この奇蹟の子どもが最初に説いた教えは、「金剛薩埵の大いなる虚空」（rdo-rje sems-dpa' nam-mkha' che）[20]と呼ばれている。

少年は、七歳になると、ダルマの意味について、学問のある学者たちと論争してみたいので、宮殿に行かせてくれと母に頼んだ。ある日のこと、母親は反対するのをついにあきらめ、少年はウパラージャ王の宮殿に勇んで出かけていった。ウパラージャ王はその頃、五〇〇人ほどの学識深い学者たちを食客として迎えていた。幼い少年は、みんなの集まる前に、ためらうこともなく足を踏み入れ、尊敬される長老のパンディタたちに論争を挑んだ。

論争がはじまると、彼は土台、道、結果という仏教の三つの要点のうち、悟りの結果（'bras-bu）の観点から議論を繰り広げ、土台（gzhi）の観点から論じた五〇〇人の学者たち全員を、完全に打ちのめした。論争に勝つと、彼は学者たちにアティヨーガの口伝を与えた。生まれる前から、その真実を完全に悟っていたのである。パンディタたちは、七歳になったかならないかの、この特別な知恵を持つ子どもの広大な知識と透徹した洞察に驚嘆し、学者たちはすべて礼拝した。学者たちは彼のことをプラジニャバーヴァ――「知恵を本性とするもの」――と呼ぶようになった。

王は、すべてを知り尽くしているこの不思議な少年の存在に、この上ない喜びを感じた。一緒にいるだけで特別な喜びを感じたので、プラヘーヴァジュラすなわち「最上の喜びの金剛」という名前を与えた。チベット語では、ガーラップ・ドルジェ（dga'-rab rdo-rje）と訳されている。

王女であり、比丘尼であった母のスーダルマによって、誕生時、灰の穴に投げ入れられたので、ヴェタラスカー（Tib. ro-langs bda-ba）すなわち「幸福なる屍鬼」、あるいはヴェタラビシュマヴァルナ（Tib. ro-lang thal mdog）すなわち「灰色の屍鬼」とも呼ばれるようになった。

ただの一冊の本も勉強したことがなかったのに、この少年はシャキャムニ・ブッダの説かれた顕教や密教の経典をすべて暗記しており、ゾクチェンの教えにかかわる無数の言葉を覚えていた。生まれてすぐに金剛薩埵が姿をあらわし、完全な叡智を与える灌頂（rig-pa'i spyi blugs kyi dbang）を与え、その時、少年は、学問を超えた原初の叡智（mi slob-pa'i ye-shes）を悟ったのである。それによって、一瞬にしてすべてのタントラの真実の意味を完全に理解した。

その後、プラヘーヴァジュラは北方に旅をし、餓鬼やほかの精霊たちがうろつきまわる山の、人里離れた荒野に踏み入った。プラヘーヴァジュラは、太陽が昇るその場所に三二年間とどまった。この時、ふたたび金剛薩埵が、輝く虹の光の輪の中に姿をあらわし、六四〇万のゾクチェンのタントラの秘密の口伝を与えた。金剛薩埵はプラヘーヴァジュラに、これらの口伝をタントラ経典として書くための許可を与えた。彼はまだ少年だったが、マラヤ山の頂上の閉ざされた山中で、三人のダーキニーに助けられながら、これらのゾクチェンタントラを文字にした。さらに、マラヤ山の洞窟にそれらのタントラを埋蔵宝として隠し、ダーキニーたちに、それを守るように命じた。

ごつごつ尖った山頂の荒れ地に住んでいた時、大地が七回震えた。山の下の村に住んでいたブラーフマンの僧侶は、ガーラップ・ドルジェがブラーフマンの教えを破壊するために、呪術を使ってその地震を起こしたのだと告発した。その土地の王は、ヒンドゥー教の外道[21]の教えを奉じており、プラヘーヴァジュラがその犯人にちがいないとした。地元の牛飼いたちもそれを信じ、プラヘーヴァジュラを捜索しはじめた。

王の家臣たちが、プラヘーヴァジュラの瞑想用の洞窟の入り口にたどり着くと、入り口から、深くまた力強い声が聞こえてきた。それは、あたかも地中に住む阿修羅[22]のうめき声のようだった。それから集まった人々の前に、一人の青年が、裸のヨーガ行者の姿であらわれた。周囲は虹の光に満たされ、だれも触れることができなかった。このような幻影の力によって、王とその家臣たちは完全に考え方を変え、仏法に心を向けるようになった。

それだけではなく、プラヘーヴァジュラは、激しく流れ落ちる川の水の上を歩いたり、岩の中を難なく通過したりといったたくさんの神通を見せ、また多くの人々の前に、虹の光につつまれた姿をあらわし、大きな深い信仰の念を引き起こした。

それから、強力で不思議な力を持ったガルーダ鳥[23]に乗ると、南のヒマラヤ山脈を超えて飛び、東の広大なガンジス平原を超えてシータヴァナ（bsil-ba'i tshal）という屍林――「涼しい森」の意。ヴァジュラーサナ[24]近郊の墓地――にあった大仏塔に赴いた。プラヘーヴァジュラはここで、ダーキニーのスーリアプラーバをはじめとする無数の弟子たちに、灌頂と教えを与えた。そして、おそろしい恐怖をかきたてる墓場で、無数のダーキニーたちに囲まれながら何年も過ごした。

その頃、西インドの都市に、ブラーフマンの僧の息子として生まれた大学者がいた。五つの世俗的な学問（五明[25]）を完全にマスターし、聖典についても比類のない知識を持っていたので、マンジュシュリーミトラと呼ばれるようになっていた。

ある日のこと、マンジュシュリーミトラは、ヴィジョンを見た。偉大なる知恵の菩薩である文殊菩薩があらわれ、助言と授記（予言）を与えたのである。

「おお、よい家の息子よ、今生においてブッダの悟りの結果を得たいならば、シータヴァナの屍林に行け」

このお告げにしたがって、マンジュシュリーミトラは東に向かって旅立ち、シータヴァナにおいてプラヘーヴァジュラに会った。

プラヘーヴァジュラはこう言った。

「心の本性はもともとのはじまりからブッダである。この心は生まれることもなく、滅することもなく、空のようなものである。すべての現象が究極的には一であるということの真実の意味を悟り、その悟りを他に何か捜し求めることなく保つならば、それが真実の瞑想である」

マンジュシュリーミトラは、この教えの真実の意味をただちに理解した。

マンジュシュリーミトラはシータヴァナに七五年間とどまり、師のプラヘーヴァジュラから、金剛薩埵から伝わったゾクチェン＝アティヨーガの教えをすべて伝授された。七五年がたった頃、プラヘーヴァジュラはたくさんの不思議なしるしを見せ、その体は光に溶け入り、虚空に消えてしまった。それは、プラヘーヴァジュラが物質でできた肉体を、そのエッセンスである光に完全に融解させる虹の身体（'ja' lus）の悟りを得たということを意味していた。

マンジュシュリーミトラは悲しみと絶望に打ちのめされ、地面に倒れ気絶した。正気に戻ると、悲嘆のあまりこう叫んだ。

「ああっ！　なんと広大な広がりであることか。師匠の灯明がなくなってしまったら、世間の闇はどうやって、だれが、とりのぞくことができるだろうか」

その瞬間、マンジュシュリーミトラの頭上の空間に、師が虹の光のかたまりの中に姿をあらわした。雷鳴の音とともに、親指の爪ほどの金の小箱が、空中の光から降ってきた。その小箱は空中でマンジュシュリーミトラの周囲を三回めぐり、その開いた右の手のひらの上に落ちた。それから、プラヘーヴァジュラのヴィジョンは、ふたたび虚空の中に溶けてしまった。

小箱を開けてみると、そこには五つの貴重な金属からできた合金の表面に、ラピスラズリのインクで書かれたグル・プラヘーヴァジュラの遺言が入っていた。この遺言を見ただけで、マンジュシュリーミトラは、プラヘーヴァジュラとまったく変わるところのない悟りに達した。この遺言はゾクチェンの全体の意味を要約したものであり、「要点を示す三つの言葉」(26)（tshig gsum gnad brdeg）と呼ばれている。

それからマンジュシュリーミトラは、師匠から受けたタントラを三つの教えの部に分類し、編集する作業をはじめた。

心の本性の本質（sems nyid gnas-lugs）に重点を置いた教えは、セムデ（sems sde）すなわち心の本性の部として分類した。この「心」（sems）というのは、もちろん心の本性ないし菩提心を意味している。

努力から離れているということ（rtsol bral）に重点をおいた教えは、ロンデ（klong sde）すなわち「界の部」として分類した。

最後に、重要な要点（gnad）に重点をおいた教えをメンガギデ（man-ngag gi sde）すなわち秘訣の部に分類した。

さらに特別な秘訣の教え、すなわちニンティク（snying-thig）――「心髄」――を二つの部に分類した。すなわち口伝の血脈（snyan brgyud）と釈タントラ（bshad rgyud）である。この前者の教えを受けるのにふさわしいものは、その頃いなかったので、マンジュシュリーミトラは、その経典をヴァジュラーサナの東にある巨大な岩の下に隠した。

それからマンジュシュリーミトラは西方のソサリン[27]（so-sa'i gling）の屍林にこもり、一〇九年間瞑想にはいり、ダーキニーと秘密の行為を修行し、教えを与えた。

この頃、シュリーシンハが中国のソキャム市からやってきて、ブッダジュニャーナとともに、マンジュシュリーミトラの弟子となった。以前に、シュリーシンハは中国のセルリン市へと、西に向かってラクダで旅をしている時に、虚空に観音菩薩があらわれるヴィジョンを見たことがあった。観音菩薩はシュリーシンハに言った。

「良家の息子よ。結果を成就したいと思うならば、インドのソサリンというところに行きなさい」

その後、多くのシッディ（修行による達成のしるし）や力を得たシュリーシンハは、中国北部の聖山、五台山を出発すると、風のごとくインドに赴き、ソサリンの墓場でアチャーリャ・マンジュシュリーミトラに会って、二五年間にわたって教えをうけた。

マンジュシュリーミトラは、生涯の最後に、墓場の真ん中にあった仏塔の頂上から姿を消した。

それから突然、空中にふたたび姿をあらわすと、シュリーシンハの手に、宝石でかざられた小さな小箱を置いた。その中には、グル・マンジュシュリーミトラの最後の言葉である「六つの瞑想体験」(sgom nyams drug-pa) と呼ばれる遺言が書かれていた。それを読んだ瞬間、シュリーシンハは、マンジュシュリーミトラと同じ深遠なる知恵を直接に悟った。また、シュリーシンハは、ヴァジュラーサナのそばに師匠が隠していた経典をもう一回取り出した。

アーチャーリャ・シュリーシンハはこれらの教えを外、内、秘密、再秘密 (phyi nang gsang yang gsang) の四つの部に分類した。シュリーシンハはこれらの教えを弟子のヴィマラミトラとジュニャーナスートラに与えた。アーチャーリャ・シュリーシンハはその後、中国に戻り、生涯の最後には虹の光になって消えてしまった。このように、ゾクチェンの血脈の初期の導師たちはみな、たぐいまれな虹の光の身体[28]の悟りを達成したのである。

ヴィマラミトラとジュニャーナスートラの二人も、中国に行き、シュリーシンハがシータカラの墓場に住んでいた一二年間にわたって、ゾクチェンの口伝を受けた。

その後、チベット王ティソンデツェン[29]が、インドからヴィマラミトラを招き、ヴィマラミトラは、チベットに着くと、一三年間サムエ寺にとどまった。このようにして、ウパデシャの部とセムデの部の一部がチベットに相承されるようになったのである。

アーチャーリャ・ヴィマラミトラは、チベットを去ると、中国の聖なる山、五台山におもむいた。同じティソンデツェン王の治世の時、ヴィマラミトラがチベットにやってくる以前に、パゴールのヴァイローチャナは、顕教のすぐれた学僧であった菩薩のシャンタラクシタから、サムエ寺で比丘の戒律を受けていた。ヴァイローチャナは、仏教の比丘として具足戒を受けた最初の七人のチベット人の一人だった。[30]

ヴァイローチャナは、学問を続けるために、王命によってインドに派遣され、ヴァジュラーサナで、セムデとロンデのすべての根本タントラを得た。こうして、この二つの部の経典は、おもにヴァイローチャナによって、チベットに招来されることになったのである。ヴァイローチャナは、さらに、チベットでは、グル・パドマサンバーヴァの弟子にもなっていた。だが、グル・パドマサンバーヴァは、ゾクチェンをおもにアヌヨーガの文脈の中で教え、独自の体系としては、ほとんど教えなかったのである。

インドを旅する途中、ヴァイローチャナは、ダナコーシャの近くの白檀の森の中をさまよっているときに、アーチャーリャ・シュリーシンハに出会った。そのころ、シュリーシンハは、神通によって建てられた九階建ての塔に住んでいた。しかし、チベットの青年僧は、シュリーシンハに会わせてもらう前に、彼に仕えていたヨーギニー（女ヨーガ行者）に、自分のサイキックな力を示す必要があった。

アーチャーリャの前に通されたヴァイローチャナは、努力を超えた乗り物（rtsol med kyi theg-pa）の口伝を与えてくれるように頼んだ。しかし、その土地の王は、ゾクチェンの教えが広がることを禁じていた。王と大臣たちは、国民に対する自分たちの権威、そして国家そのものの権威が掘り崩されてしまうことを恐れていたのである。そのため、ヴァイローチャナは、夜ひそかに、この教えを学ぶ必要があった。夜になると、ヴァイローチャナは、心の本性の部（セムデ）の一八の口伝（man-ngag sems sde）を、ヤギの乳をインク代わりにして、白い布に書き付け、王やその臣下には見えないようにした。

これらの経典の中に、ヴァイローチャナがチベット語に翻訳した最初のゾクチェン経典である、有名な「明知のカッコーの呼び声」[31]（Rig-pa'i khu byug）があった。以下に根本テキストを翻訳しておこう。

多様にあらわれてくる現象の本質は不二である。
一つ一つの事物は戯論を離れている。
あるがままと言われるような概念はありはしないけれども、
生じてくるさまざまな現象は、まったき善である。
すべてはあるがままで完全なのだから、努力の病を捨て去り、
三昧の境地の覚醒の中に、努力することなくとどまる。

しかし、ヴァイローチャナは、心の本性の部の一八の口伝だけでは満足しなかったので、シュリーシンハは、セムデのほかのタントラの灌頂と口伝を与え、さらにロンデの部の白と赤とまだらの教え（dkar nag khra gsum）をも与えた。ヴァイローチャナはこれらの教えを完全に学び取り、その達成を得た。

ヴァイローチャナは、ディマピータすなわち「煙の場所」という屍林で、ガーラップ・ドルジェ

をヴィジョンの中で見た。ガーラップ・ドルジェは、ヴァイローチャナにゾクチェンの六四〇万の教えを与えた。その後、ヴァイローチャナはチベットに速歩の神通によって帰り、ゾクチェンのセムデとロンデの教えを弟子たちに広く教えた。

四　テキストの概要

ここに訳出したテキストは、血脈の導師たちに対する著者の帰依と讃歎の言葉（mchod brjod）からはじまる。すべての霊的な教えは伝授の血脈と結びついているから、これはしごく当然のことである。

次に著者は、前行（sngon 'gro）について簡潔に述べている。人生に対する態度を変える四つの瞑想（四つの出離）において一番大切なことは、複雑な知的分析を行なうことではない。その真の意味を理解することである。チベット語の shes-rig は、自分の状態について自覚し、知っていること、すなわち知るべきことを理解しているという意味を持っている。たとえば、人間として生まれたというこの貴重な機会の持っている意味について、しかもその生が無常であるということについて、どんな時でも理解している必要がある。このような認識を持っていれば、人として生まれたこの生を、気が散ったまま過ごし、無駄にすることはなくなる。だが、こういった前行の中で一番大切なのはグルヨーガである。グルヨーガ（bla-ma'i rnal-'byor）は自分が受けた伝授をすべて正しく保つために、もっとも強力な方法である。

中心となる部分（dngos-gzhi）は、昼の修行（nyin-mo'i rnal-'byor）と夜の修行（mtshan-mo'i rnal-'byor）からなっている。

昼の修行には三つの主題がある。

一番目は、修行について理解すること（rtogs-pa）である。ゾクチェンにおいては、見解（lta-ba）が瞑想の修行よりも重要だと考えられている。見解というのはものごとを見る見方であり、「理解」というのは本や教室から得られる知的な知識ではなく、体験的に知ること、見解を直接に悟ることである。そのためには、導師による導き入れ（ngo-sprod）を得る必要がある。導師は、導き入れによって、明知すなわち本来の叡智（rig-pa）とは何か示すのである。そういう具体的な体験がなければ、他人の行なう説明を頼りにするだけで、修行においても、容易に間違った方向に行ってしまうだろう。

二番目の主題は、修行を確立すること（brtan-pa）である。三昧の境地とは何か、リクパの真の意味は何か、自分自身の体験として理解したならば、この覚醒の境地の中につねにとどまるように、修練する必要がある。この点については、三つの大切な口伝（man-ngag gsum）がある。最初の二つ——融合（bsre-ba）、そして放松すなわち覚醒とともにリラックスすること（lhug-pa）——がこの修行の確立の項目に含まれる。これに対して三番目の口訣、すなわち修行の進歩（bogs dbyung）が、先ほどわたしたちが述べた三つの主題の三番目にあたる。

融合について言えば、ここで説明されている修行は、大空の空間と一体になる修行（nam-mkhar ar-gtad）である。これは、特定の対象に意識を集中する瞑想のやり方とはひじょうに異なっている。意識集中は心の活動にかかわっているのに対し、三昧は心を超えているからである。融合の修行の場合、空間の一点に注意を集中した後で、リラックスし、覚醒した自覚（rig-pa）が空間と一体になるようにする。

二番目は、生き生きと覚醒を保ちながらしかもリラックスする（lhug-pa）ための一般的な口伝である。ゾクチェンの一番大切なポイントは、リラックスすることにある。だが、リラックスするといっても、眠くなったり、だらんと鈍くなっている状態ではない。草をもぐもぐと噛んでいる草原の牛のような状態ではないのである。そういう心の状態は、チベット語では、lung ma bstan と呼ばれる。それは、rig-pa ではない。覚醒をたもちながらリラックスするというのは、感覚がその対象と接している時に、その対象についての思考を形成したり、あるいは判断したりしないということである。ただ、あるがままにそれを放置するのである。

これは、瞑想の対象に注意を鋭く集中したり、あるいは分別や思考が湧き起こってくるのを抑えるということでもない。そんなふうに抑えこもうとしても、実際は無理だということがわかるだろう。思考を抑えようとすればするほど、その思考はさらに大きなエネルギーを吸収し、わたしたちに復讐する。ゾクチェンの言葉でいうならば、分別（rnam-rtog）が生じようが、生じまいが、それによって気が散ってしまわないように、その後を追いかけたりしなければ、それでよいのである。

大切なことは、物事を十分にあるがままに放置すること、静寂な状態にとどまることなく湧き起こってくる思考を、変えようとしないで放置すること（ma bcos-pa）である。とはいえ、実際に三昧の修行をしている時、眠気におそわれたり、興奮したりといった問題が生じてくることはありうる。そういった問題に対処するための方法も、本書には説かれている。

また、修行をしていると楽の感情（bde-ba'i nyams）、光明の体験（gsal-ba'i nyams）、空性ないし無分別の体験（mi rtog-pa'i nyams）をはじめとする瞑想体験が生じてくることがある。そういう体験と、三昧や明知の境地を混同するのはあやまちである。そういった体験によって、気を散らしてはならない。それは単なる体験に過ぎず、それ以上のものではないのである。

からだと言葉と心をリラックスさせると、それをある形に保つために強くしめつけているエネルギーが解放され、そのおかげで、エネルギーが、自由にまた自然に現われてくるようになる。美しいヴィジョンを見たり、音を聞いたり、不思議な感触を味わったりする。しかし、それはすべてエネルギーの顕現（あらわれ）にすぎないということを理解し、体験によって引きずられないようにする必要がある。これが、修行の進歩のための方法である。

その次は、夜の修行についてである。これは二つの部分に分かれている。すなわち、夜眠りにつく直前に行なう夜の修行（srod kyi rnal-'byor）と、目覚めたらすぐに行なう朝の修行（tho-rangs rnal-'byor）である。

夜の修行は光明（'od gsal）の修行とも呼ばれる。眠りの過程は、色々な意味で死の過程と重なっている。眠りについた瞬間、しかもまだ夢がはじまる前、わたしたちは原初の境地の光明であるところの透明な光を体験できる。この光明を認識できれば、この生が終わる時、その光明と一体になることによって、解脱することができる。

このテキストでは、眠りながら覚醒を保つためのきわめて有効な方法が説かれている。その直接の効果は明晰夢、すなわち夢を見ている時に自分が夢を見ていることを自覚しているという形であらわれてくる。夢の中にいることを自覚しているので、夢を展開させたり、変化させて、修行のために使うことができる。密教の中には、夢のヨーガの修行の方法がたくさんあるけれども、この自然な光明の方法は単純、かつ直接的で、しかも同じ結果を得られる。

朝の修行は、グルヨーガの一種である。すでに述べたように、ゾクチェンにおいては、どんな修行であれ、すべてグルヨーガと結びついている。ここで説明されている方法を用いることによって、覚醒と自覚を保ったまま、目覚めることができる。朝、目が覚めた時、明知の境地の中にいる。それは、導師の心の境地とまさに一つであり、また、サーマンタバドラと呼ばれる原初の境地と異なるところがない。

最後に、著者は、このような修行のもたらす利益と修行者のそなえているべき特性について、考察している。テキストの全体は回向と吉祥の言葉によって締めくくられている。簡潔で短いものではあるけれども、生きている導師が与えたこのゾクチェンの秘訣は、実際にゾクチェンの修行を行なうことに関心を持っている修行者にとって、三昧の境地に入り、昼も夜もその境地から動くことなく道を前進し、存在の全体を三昧と一つにするための方法の要点を、はっきり示しているものだ。この翻訳が、ゾクチェンの修行に関心を持つすべての人にとって、実際に役に立つものであることを、翻訳者として願わずにはいられない。

ジョン・レイノルズ

註

（1）ウパデシャ（Upadesa, Tib. man-ngag）基本的にはこの言葉は師から弟子に密かに与えられる秘密の口伝を意味している。現在ではチベットの導師たちのウパデシャは文字として残されていることが多い。しかし、もともとブッダの教えも口承だったのであって、釈尊の入滅から一〇〇年たって、はじめて文字に書かれたということを、忘れてはならない。

（2）現在、チベット仏教には、ニンマ派、サキャ派、カギュ派、ゲールク派という四つのおもな宗派がある。そのいずれも、大乗仏教の根本的な教理については同じだが、相承血脈やどのタントラの修行を重視するかについては、色々な違いがある。その中で一番古いのがニンマ派であり、七世紀から九世紀にかけて行なわれた初期の翻訳経典に由来する仏教の伝統を伝えている。他の宗派は十一世紀における新訳経典とともに生まれたものである。現在では、チベットのラマは、戒律と僧院の流れによって、この四つの宗派のいずれかに属すのがふつうである。しかし、それに加えて自分の宗派以外の導師からも灌頂や教えの血脈をたくさん受けていることが多い。したがって、これらの宗派や血脈を、西洋におけるキリスト教の新旧の別や教会への所属のように、お互いに排他的なものと考えてはならない。

（3）チベット語のラマ（bla-ma）はサンスクリット語のグル（guru）の訳語であり、霊的な導師を意味する。伝統的には三種類のラマがいるという。一、血脈のグル（brgyud-pa'i bla-ma）これは自分がうけた教えや灌頂の血脈（brgyud-pa）のすべての導師である。二、口伝を与えてくれたグル（'dren-pa'i bla-ma）これは今生において教えを受けたことのあるすべての導師のことである。三、根本グル（rtsa-ba'i bla-ma）心の本質に導き入れてくれた導師であり、今生においてもっとも大切な灌頂や霊的な成長のための秘密の口伝を授けてくれた導師である。

この根本グルは、その深さにおいて三つに区別される。一、外のグル（phyi'i bla-ma）灌頂を与え、口伝を与えてくれた実際の導師である。二、内なるグル（nang gi bla-ma）今生において特に深く結びついて縁のある本尊（yi-dam）である。（3）秘密のグル（gsang-ba'i bla-ma）原初仏サーマンタバドラである。サーマンタバドラはみずからの心の本質と違うところがない。

（4）以下の説明を見よ。

（5）Bairo'i rgyud 'bum, vol. V, 223-245 ; Leh, Ladakh, 1971.

（6）以下の説明を見よ。

（7）顕教において、三身（sku gsum）は霊的な道の到達点を指すものであり、ゾクチェンにおけるように、土台と道の両方についてこの表現をもちいることはない。修行の到達点としての三身は、ブッダの完全な悟りが三つの仏身（Skt. kāya）ないし存在次元としてあらわれてくることを意味している。法身（chos-sku）は知性や言葉による表現や概念を超えている。それは一切に浸透し、遍在している究極のリアリティである。報身（longs-sku）とは「享受の身体」という意味であり、時間や歴史を超えた最高の存在次元である究竟天に顕現する。感覚や能力が完全に浄化された大菩薩だけがこの壮麗な姿を見ることができる。変化身（sprul-sku）は、道をさし示す導師として時間と歴史の中に化身したブッダである。歴史上の釈尊はそういう変化身である。また、このトゥルクないし化身という言葉は偉大な霊的導師として認められた転生化身にももちいられる。

（8）こういった前行についてはテキスト註釈の3を見よ。

（9）ウッディヤーナ国（Tib. u-rgyan）は、無上ヨーガタントラおよびゾクチェンタントラのもっとも重要な発祥の地である。マハーヨーガタントラの啓示をはじめて受けたジャー王（dzah）と、仏教の伝統において人間界におけるもっとも重要なゾクチェンの導師だったガーラップ・ドルジェの祖国であるとともに、チベットのタントラ仏教の礎を築いたパドマサンバーヴァの生地でもある。G・トゥッチをはじめとする西洋の学者たちは、ウッディヤーナをパキスタンのスワット渓谷に比定している。この点については、ウゲンパの伝記をはじめとするチベット語の資料が、その証拠として考えられる。しかし古代においては、ウッディヤーナという地名は、北西パキスタン、アフガニスタンさらには西チベットをも含むかなり広い地域を指す言葉であった可能性がある。

(10) この二つの体系は顕教 (mdo lugs)、真言流 (sngags lugs) ――これは密教をふつうさす――と呼ばれる。後者はサンスクリット語ではマントラヤーナであり、タントラヤーナという表現はない。

(11) Sabda-mahaprasanga Tantra, Tib. sGra thal 'gyur gyi rgyud. これはゾクチェンのウパデシャの部の一七タントラのもっとも中心となる経典である。

(12) Kulayaraja Tantra, Tib. Kun-byed rgyal-po'i rgyud. これはゾクチェンのセムデの中でもっとも重要なタントラである。

(13) 三種類の伝授およびゾクチェンの教えのさまざまな血脈についてはクンキェン・ロンチェンパの『龍の清らかな歌声』を見よ。

(14) 禅定仏 (Dhyani Buddha) という言葉は、ブッダの報身の次元をそろって表現する五如来のことをさす、近年のネパール仏教の表現であり、サンスクリット、チベットの経典の中では使われた形跡がない。一八三〇年代に、B・ホジソンがカトマンドゥで実践されている仏教を観察して書いた著作の中で、はじめて西洋に紹介された。しかし、この言葉は五仏を示すのに都合のよい表現である。

(15) 菩薩は十地 (sa bcu) を進んで成長していく。七地から十地の菩薩は大菩薩と呼ばれる。七地は不退転である。これ以降は、ブッダにいたる道から後退することがなくなる。

(16) ガーラップ・ドルジェ (dGa'-rab rdo-rje) は原語名のチベット訳であるが、現存する文献の中には、その原語が何であったか証明するものはない。サンスクリット語への再構成が何回か試みられており、その中にはPraharshavajraあるいはPramadavajraなどがある。しかし、ゾンサル・ケンツェー・チューキロードゥのグルヨーガのテキストの中には、ガーラップ・ドルジェのマントラの中にPrahevajraという表現が見られるので、ここではサンスクリット語およびウッディヤーナ語の原形の最有力候補として、この語を使うことにする。いずれにせよ、Anandavajraということはない。これはチベット語ではdGe-ba'i rdo-rjeになる。

(17)　チベット占星術および編年法のプク流（Phug-lugs）によれば、シャキャムニ・ブッダの入滅から今年（西暦一九八六年）までの間に、二八六七年経過しているという。これによれば、シャキャムニ・ブッダの入滅は紀元前八八一年ということになる。西洋の学者たちは、一般にスリランカのテラヴァーダ（上座部）仏教の伝統にしたがって、シャキャムニ・ブッダの生年を紀元前五六六～四八六年とする。ドゥンジョム・リンポチェのように、ガーラップ・ドルジェ（Prahevajra）が、シャキャムニ・ブッダ入滅から一六六年後に生まれたとするならば、ガーラップ・ドルジェの生年は紀元前七一五年ということになる。しかし、カギュ派の歴史家パウォ・ツクラ（dPa’-bo gtsug-lag phreng-ba）の『知者たちの宴』（mKhas-pa’i dga’-ston）によれば、ガーラップ・ドルジェはブッダの入滅後三六〇年後に生まれたという。ここに記したガーラップ・ドルジェの伝記は、ドゥンジョム・リンポチェの『ニンマ仏教史』（Bod snga rabs snying-ma’i chos-byung lha-dbang g-yul las rgyal-ba’i rnga-bo-che’i sgra dbyangs）の第二章におもに依拠している。これは Tulku Thondup, The Tantric Tradition of the Nyingmapa（Buddhayana, Marion, MA, 1984）四六～五二ページとも一致している。また Eva Dargyay, The Rise of Esteric Buddhism in Tibet（Motilal Banarsidass, Delhi, 1977）の一六～二六ページをも参照せよ。タルタン・トゥルクは Crystl Mirror V（Dharma Press, Berkeley, 1977）の中でかなり違うヴァージョンを用いている。しかしその中ではチベット語の典拠は示されていない。われわれは固有名詞については、サンスクリット化してプラヘーヴァジュラという名前を使うことにする。これはおもに一貫性と統一性を尊重してのことである。〔訳註〕グルヨーガのテキストによって、ガーラップ・ドルジェのサンスクリット名には異同がある。だが、ここでは、英訳者の意見を尊重して、プラヘーヴァジュラを使っておくことにする。

(18)　このマントラの五つの音節は五禅定仏を表現している。輝く白い男の姿とは間違いなく金剛薩埵であり、比丘尼は金剛薩埵から身体の汚れをすべてぬぐい去る瓶灌頂（bum dbang）を受けたのである。

(19)　ダーキニー（Tib. mkha’-’gro-ma）は「空を行く女」という意味であり、女性の姿をとった知恵の化身、あるいは悟りの根本の女性的側面を示すものである。大菩薩ターラのように完全な悟りを得ている知恵のダーキニーもあるが、世間における女性的なエネルギーの顕現である世俗のダーキニー、ないしカルマのダーキニーもある。また成就を得た女性の修行者も、ダーキニーと呼ばれる。秘密の行為（gsang spyod）と呼ばれるある種の秘儀的なヨーガにおいては、ヨーガ行者は修行のパートナーとして、すべての必須のしるしを持っているダーキニーを必要とする。

(20) これは有名なゾクチェンタントラの名前である。本書の著者、ノルブ教授は、この経典について広範囲な研究を準備しつつある。

(21) 外道（Tirthika, Tib. mu-stegs-pa）は「（流れを）他の瀬から渡るもの」という意味であり、普通はヒンドゥー教をさす。ブラーマーナとは、ヒンドゥー教のブラーミンの僧であり、パンディタは、ヒンドゥーであれ、仏教であれ、サンスクリットの学者を指すサンクリット語である。

(22) 阿修羅は地下の巨大な洞窟に住んでおり、永遠の生命の果実を持つ巨大な樹をめぐって天界の神々と絶えず戦っている。

(23) ガルーダはすべての鳥のなかでもっとも高く飛ぶ鳥であり、ゾクチェンの直接的な道の象徴である。なぜなら、卵から完全に成長した姿で飛び出してくるからである。

(24) ヴァジュラーサナ（Tib. rdo-rje gdan 金剛座）はブッダが菩提樹の下で成道した場所である。現在のインド、ビハール州のボードガヤにあたる。そこから東に数マイル行くとコラシュリの墓地がある。チベット人はここを古代のシータヴァナ（bsil-ba'i tshal）だとしている。

(25) 五つの伝統的な学問（五明）とは、文法、論理学、芸術、医学、そして宗教である。

(26) J. Reynolds, Golden Letters,1995, Wisdom 参照。

(27) この場所の正確な位置やサンスクリットの原語は不明である。

(28) 'Ja'-lus は「虹の身体」という意味であり、この悟りを達成したものを 'ja'-lus-pa と呼ぶ。生の最後において肉体を純粋な輝く光のエネルギーに変え、空の虹のように姿を消すのである。それによって輪廻の輪を超え、必要な時には、他の生き物を助けたり教えたりするために、光の身体をもって姿をあらわすことができる。最近でもチベットにおいては、虹の身体の悟りを成就した実例があり、歴史的に証明されている。七日間のうちに行者の肉体は実際に収縮し、爪と髪以外には何も残らない。

(29) Khri-srong lde'u btsan（七四二年生？）これらの初期のチベット王の厳密な治世期間については学者によって意見が異なる。比較的信用のおける年代としては、D. Snellgrove and H. Richardson, A Cultural History of Tibet,（Boston, Shambhala 1986）の二八八―二九九ページを見よ。

(30) sad-mi mi bdun

(31) 著者の『ゾクチェンの教え』（地湧社、一九九三年）の第二部で、このテキストの詳細な説明が行なわれている。

II　昼と夜のサイクル・根本テキスト

ガーラップ・ドルジェ

チベット語で　gdod-ma’i rnal-’byor gyi lam khyer nyin mtshan
’khor-lo ma zhes bya ba
日本語で「原初のヨーガの道を進む――昼と夜のサイクル――」

聖なる導師たちに礼拝いたします。

1

ブッダの五つの部族をすべてみずからの内に統合した主、チャンチュプ・ドルジェ、
オギェン・テンズィン、ドルジェ・ペルドゥンをはじめとする
すべてのゾクチェン相承の血脈の導師たちに
（身、口、意の）三つの門の大いなる信仰をもって帰依いたします。

2

法身サーマンタバドラと同体である報身シュリー・ヴァジラサットヴァが、
アティヨーガの心髄の道を進む方法について、
このうえなくすぐれたる教師ガーラップ・ドルジェに与えられた口伝の精髄を
ここにいささか書き記すことを、ダーキニーたちがお許し下さいますように！

3

つねに四つの出離によって心の連続体を訓練し、
みずからの明知（リクパ）こそが導師であることを知るグルヨーガから
いついかなる時も離れることなく、四つの時間において散失することなく、
覚醒と認識を保つことがヨーガの根本である。

4

回りつづける車輪のごとく、昼と夜を一つにして
道を進んでいくための中心は、昼と夜の修行であることはたしかなこと。
三つの時間を支配する昼のヨーガ（の口伝）は、

理解、確立、進歩の三つの主題にまとめられる。

5
理解していなかったことを、理解するようになるべきである最初のこと。
眼に見え、耳に聞こえるなど五感の対象の一切は、
さまざまに顕現はしているけれども、真実ではなく、形を持っているかのようだけれども、
心の幻術にほかならないのだと、はっきり見定める。

6
心の本性は、もともとの始まりから空にして実体がない。
無のごとく、しかも光明が輝きでるさまは、水に映し出される月のようだ。
空性と光明が不二である、至高なる明知の原初の知恵は、
その自性において、自然状態で完成をとげていると理解する。

7
現象は法性の飾りだと了解することによって
リラックスした六識にあらわれてくる顕現は、その本来の土台に解脱する。
明知は原初の知恵そのものだと了解することによって、
煩悩、薫習の顕現は、その本来の土台に解脱する。

8
顕現と明知は分けることのできない一体をなしていると了解することによって、

二元論にもとづく分別は、その本来の土台に解脱する。
観察することによって解脱する、生じた瞬間に解脱する、自己解脱するという
ヨーガ行者の能力に応じて、道を前進する。

9

突如生じる最初の刹那の認識こそ、
無作為、不生にして、(無から)立ち上がってくる明知であり、
主体と客体の分裂(した極)を離れた真如そのもの、
本然なる真実、自然に生まれる明知の原初の知恵である。

10

明知には、サーマンタバドラの真実の心の境地の三つの特性が、完成している。
薫習から離れているから、法身たる本体は空である。
対象的思考から離れているから、報身たる自性は光明である。
怒りと貪りから離れているから、変化身たる慈悲のエネルギーは、とだえることがない。

11

このような認識は、まさに生じた瞬間、
主体と客体の二元的分別から完全に離れているから、
無執着の顕現が、外部に光明の輝きとして生じ、
顕現は、法性たる本来の境地にとどまっている。

12
刹那に生じる原初の知恵の本然が、
母なる法性と出会うのだから、法身である。
明知の自然状態で完成している本来の境地にとどまることが、
ゾクチェンの真実の心の境地の自然な本質である。

13
修行を確立するにあたっては、融合、放松、進歩という
三つの秘訣によって道を進む。
（最初の）融合のための方法は、快適な座にゆったりすわり、
リラックスして、前方の空間に心を向け、一体になることだ。

14
気を散らすこともなく、何かを対象にして瞑想するのでもないような境地にとどまる。
認識は、まるで大空のように、愛着や執着から離れている。
本来の境地は、光明であり、明知であり、驚愕の瞬間のごとく静寂と運動の区別をこえている。
不二なる明知が、赤裸々に生じる。

15
禅定においては、朦朧とした状態（昏沈）や興奮（放逸）におちいることなく、
澄明にして明晰、深遠な本来の境地にとどまる。

この本来の境地にあって、思考を呼び出し、投げ捨て、反復し、増幅させても、
不動の（境地の）まま、みずからの土台にとどまることによって、自然に解脱する。

16

禅定の後（後得）も、
認識が、外部の状況（縁）によって支配されず、確立されている程度によって、
太陽や月が昇るがごとき光明や顕現や呼吸などといった
修習の体験が、求めることなく、生まれる。

17

禅定の後の体験は、一切の顕現を幻として見、
何が顕現しても、空であることを知る境地にとどまっている。
明知の境地にあって、分別はないと感じ、
行為においてあやまちをおかすことがないという体験が生じる。

18

仏身は、外部の世界も、分析的思考や心や分別も空であるとみるから、
心の本性たる至高の法身を達成する。
原初の知恵は、表象による分別に一切汚染されることがないから、
一切無分別の原初の知恵を達成する。

19
薫習の障害は完全に浄化されるから、
煩悩は、直接生じることはなく、背後に眠りこみ、支配される。
それ故、普通の人間でありながら、輪廻の世界を
完全に超えているから、聖者の一族であると知られる。

20
放松のための秘訣は、外にあらわれてくる顕現を作り変えることなく、
そのように生じているものは本来の境地の飾りであると知り、その境地にとどまることだ。
内なる明知は、無作為にして透明、明亮、赤裸々。
真如にあって、みずからの土台に悠々ととどまることが、放松である。

21
六識の対象を分析することなく、透明に放置する。
現象はとだえることなく、(本来の境地の)飾りとして生じてくる。
あるがままの真如は、無執着の明知の力能として円満な完成状態にある。
不二なる本来の境地を守ることが、放松である。

22
禅定においては、五つの門の対象を分析せず、
光明に輝き、不動にして無執着の放松の境地が生じる。
禅定の後は、形を持ったあらわれも、実在しないごとくに顕現するなど、

六識の対象とむすびついた原初の知恵が生まれる。

23

五つの煩悩の毒からどんな分別が生じても、
執着することなく、あるがままに認識し、放松する。
反対物を対置すること（対治）によって煩悩を捨てたり、方便によって変化させたりしない。
そうすれば、道の途中立ちのぼってきた煩悩は自然に解脱し、原初の知恵が生まれる。

24

修習の体験は、光明と空（が不二なるもの）として顕現する。
顕現と空（が不二である）本来の境地にとどまる。
運動と空性（が不二である）、楽と空（が不二である）など、
楽、光明、無分別のいずれかの体験が生まれてくる。

25

一切の法は法身だと理解することによって、
真如の本来の境地を、作り変えることなく認識する。
不二にして平等、完全なティクレにおいて調和しているから、
仏身は、原初の知恵の身を得、光明の原初の知恵が生じる。

26

対象世界は、法性として顕現するから、煩悩の障害は浄化される。

明知の原初の知恵が生じるから、悪しき行為のありようから離れている。
煩悩と薫習の障害から完全に解放されているから、
聖なる菩薩の一族として知られる。

27

進歩のためには、無作為にして、自然状態で完成している本来の境地そのまま、
刹那の認識を作り変えることなく、覚醒を保つ。
無分別の明知は明澄にして、透明な覚醒である。
散失することなく、揺らぎない認識の流れを保つ。

28

禅定においては、朦朧とした状態（昏沈）や興奮（放逸）に支配されることがなく、
（すべての現象は）法の本性すなわち空そのものとして顕現する。
禅定の後も、認識は、環境（縁）によって支配されることなく、
心の本性たる真如を保ちつづける。

29

修習の体験としては、修習することと修習しないことが不二で、
一切の顕現は、三昧の境地のロルパとして、円満に生じる。
一切の法の法性である真如は、
自然なる本体、真実なる本来の境地から動くことがない。

30
顕現するものも、顕現しないものも、すべての法は、
法性たる本来の境地において、みずからの土台に完全に浄化されるから、
不二なる至高の仏身を得、
覆われることのない聖なる原初の知恵が生まれる。

31
知識による障害（所知障）が完全に浄化されるから、
一切の法、法の本性をあるがままに知る。
理解の主体と客体は、不二であり、完全に解脱しているから、
一切知たる如来の一族と知られる。

32
夜のヨーガの道を進むには、
黄昏のヨーガと朝のヨーガの二つを訓練する。
黄昏には、感覚をゆったりとリラックスさせ、
それから意識集中による禅定と睡眠を融合させる。

33
横になって眠るとき、眉間に
豆粒くらいの大きさで、はっきりと輝く

白いア字か五色の光のティクレを観想し、
意識を集中し、リラックスしてから、眠る。

34

さまざまな思考の塵によって汚染されることなく
六識がその本来の土台にリラックスしているような、本来の境地において、
眠りに落ち、自然な光明、
無分別の法性の本来の境地にとどまる。

35

刹那の認識を観察すると、
静寂と運動のどちらが本質であるとも言えない。
明澄なるあるがままの本来の境地、
認識のなかに静かにリラックスし、眠りに落ちる。

36

このようにして眠ることを光明の（生じる）縁として、
明知と法界（が不二である）本来の境地に、すべては融解する。
眠りに落ちているあいだじゅう、この境地は続き、
法性そのままの本来の境地にとどまることができる。

37 身体の薫習、顕現の薫習、
意識の薫習のすべてから完全に離れているから、
意識は生じることなく、法性たる本来の境地にとどまる。
（それによって）ある程度、自性の光明に融合することができる。

38 睡眠中は、どんな分別も生じることがない。
明知は母（なる法性）に融解し、法性たる本来の境地にとどまる。

睡眠の禅定が終わった後は、夢を夢として認識する。

迷妄から離れた仏身と原初の知恵が、（道を進んでいくのを助ける）友として生じてくる。

39 朝は、原初の知恵をあるがままに、作り変えることなく、
修習するでもなく、散失するのでもない自然な境地にとどまる。
あるがままの自然な無分別の境地にあって静かに覚醒を保ちつづけることが、
グル・サーマンタバドラの真実の心だと知る。

40 あるがままの本質を見、修習の主体を
赤裸々に見ることによって（もその本質といえるものは見つからないから）
本質の同定から離れた、自然に生まれる原初の知恵が、明澄に静かに覚醒している。

生じるとともに解脱する不二の原初の知恵が生まれる。

41
その時、二元論による執着、一切の分別を超え、
顕現の対象から離れた無分別の原初の知恵が、透明に輝き出る。
認識していることによって、汚染されることのない光明の原初の知恵が、透明に輝き出る。
不二であるから、楽であるような原初の知恵が、透明に輝き出る。

42
一切の法は、法性そのものだと悟るから、
あやまつことのない原初の知恵が、この上なく透明に輝き出る。
一切の原初の知恵が円満に透明に輝き出るから、
三身が、自然に、この上なく透明に輝き出る。

43
このようなヨーガの心髄を、昼となく夜となく行じ、
大いなる車輪のごとき三昧に集約するなら、（心の連続体は）錬磨され、
道において立ちのぼる煩悩（も有益なものとなり）、三身（の悟り）によって
虚空に満ち満ちる生きものの益をなすことは、計り知れない。

44
錬磨の程度（をしめすしるし）は、夢を夢と自覚すること、

幸福への愛着や苦しみへの厭悪によっておおわれることがなく、平等性の境地にあること、
原初の知恵が生まれることによって一切の顕現が（道を進むのを助ける）友として生じること、
迷妄の流れが断ち切られ、法性たる本来の境地にとどまることである。

45
そのようなアティヨーガの修行者は、
昼も夜も、法性たる本来の境地から動くことがないから、
一息のうちに成仏するといわれると、
大いなる主、ガーラップ・ドルジェはおっしゃっている。

46
道において立ちのぼってくる煩悩や、一切の法は、分けることのできない一体をなしている。
法性の本来の境地にとどまり、一切を明知の境地において認識し、対象として概念化しない。
無知（の本質）は無分別だと認識することによって、
（すべての現象は）法性たる真如として顕現する。

47
六識の対象として顕現する一切の法すべては、
透明に現出し、無自性にとどまったままだから、
怒りの本性は、光明だと認識することによって、
（怒りは）光明の原初の知恵そのものとして顕現する。

48
外なる顕現は法性にして、内なる明知は原初の知恵、
不二の大楽は、慈悲のエネルギーそのものだから
貪欲（の本質）は、大楽の力能であると認識することによって、
自然状態において完成しており、無辺であるような大楽の原初の知恵が顕現する。

49
三身の門から、生きものを利益することが生まれ、
煩悩、三毒は、仏身と原初の知恵として
円満に顕現するから、そこから生まれる一切は、
仏身と原初の知恵そのものである。

50
煩悩がないから輪廻の因から離れている。
それをニルヴァーナと呼ぶけれども、（それは単なる寂ではなく）
無作為にして、自然状態で完成している一切のすぐれた徳の集積が、
太陽が空に昇るがごとく、透明な光として輝き出る。

51
この方法は、信仰、精進、覚醒（憶念）、三昧、般若の知恵の
能力をそなえている者たちが行ずるのにふさわしい。

このように、最高の乗り物において教えられているとおり、
好適なよい条件が円満に完成するように、知るべきである。

52 この言葉、サーマンタバドラたるガーラップ・ドルジェの
真実の心の境地の精髄をいささか文字に書き記した善根によって、
我と虚空に満ちる我に縁ある者たちが、ひとり残らず、
速やかに勝利者たるサーマンタバドラの悟りを、得ますように！

最高の乗り物のヨーガに、最高の信を抱く者たちのために、アンダーソン氏（訳註—著者の友人で、ゾクチェンの伝授のために、著者をアメリカに招待していた人物。註釈参照）が静寂に逝去されたことを記憶にとどめんがため、書かれた。アメリカ東部コーンウェイのゾクチェン・コミュニティにおいて教えを開始しようとしているのを縁に、ゾクチェン行者、ナムカイ・ノルブが水の亥の年、八月三〇日に書いた。吉祥が太陽のごとく増大する日に完成した。よきかな！

Ⅲ　註釈

チャンチュプ・ドルジェ

このテキストのチベット語のタイトルは、gdod-ma'i rnal-'byor gyi lam khyer nyin mtshan 'khor-lo-ma（「原初のヨーガの道を進む――昼と夜のサイクル――」）である。「原初のヨーガ」（gdod-ma'i rnal-'byor）というのは、生きものすべてにもともとそなわっている原初の境地、真実の心のありようを悟ることだ。この原初の境地をチベット語では、「リクパ」（rig-pa 明知、純粋な叡智）とも呼ぶ。「原初のヨーガ」は、ウッディヤーナ語では「アティヨーガ」だ。チベット語ではゾクチェンとも呼ばれる。ゾクチェン（rdzogs-pa chen-po）は、ふつう「大いなる完成」と翻訳される。このテキストは、そのゾクチェンの教えを実践すること（lam khyer「道を進む」）をテーマにしている。ゾクチェンの教えは、セムデ（sems-sde 心の本性の部）、ロンデ（klong-sde 界の部）、メンガギデ（man ngag gi sde 秘訣の部）の三つに大きく分けられる。このテキストは、そのうち、おもにロンデに属している。

一九八三年、わたしは、アメリカ合衆国のコーンウェイでゾクチェンの伝授を行なったが、その年は、わたしにとって特別な意味を持っていた。永年の友人であり、それ以前、数年にわたり、わたしをアメリカに招いてくれていたアンダーソン氏が亡くなったばかりだったのである。伝授を始める日の朝、わたしは教えの全体を、人間の霊的覚醒のために注がれたアンダーソン氏のたゆまぬ活動と人格に捧げようと考えていた。すると、突然、教えるだけでなく、そのためのテキストを書くというアイデアが浮かび上がってきたのである。朝食が終わると、わたしは、心に思い浮かぶままに、言葉を書きつけ、数時間後には、このテキストが出来上がった。

当時のわたしは、他の場所でロンデの伝授を行なったばかりで、その記憶が新鮮だった。このテキストが、おもにロンデの表現を用い、その修行法について説明しているのは、そのためである。「昼と夜のサイクル」（nyin mtshan 'khor-lo-ma）というのはどういう意味だろうか？ 朝目を覚ますと、一日が始まる。働いたり、食事をしたりしながら、夕方になり、夜が始まる。眠り、また朝になる。そうやって、昼と夜をくりかえしながら、毎日わたしたちの生活は続き、時間が過ぎていく。

チベット語の'khor-lo は、「回転する輪」という意味だ。'khor-ba なら、「輪廻」になる。「輪廻」というのは、とだえることなく六道の中を転生しつづけるということだ。ゾクチェンは、隠棲して瞑想修行をするだけではなく、日常生活と三昧を一つにする教えだ。昼も夜も（nyin mtshan）、とぎれることなく実践するものだから、回転する輪（'khor-lo）という意味の題名がつけられているのである。

一生のうちには、たくさんの師匠と出会い、多くの教えを受け、さまざまな修行法を学ぶことができる。そういった瞑想法を実際に修行することもできる。けれども、いつでもそうできるわけではない。たとえば、カーラチャクラタントラの教えを受け、修行を始めたとしよう。一日に一、二時間、座って、本尊を観想し真言を唱える修行をする。だが、それ以外の時間はどうだろうか？

一日の大半の時間は、修行をしないままで過ぎていくことになりがちだ。それだけではない。わたしたちは忙しい。一、二時間の瞑想もできない事だってありうる。

では、どうしたらいいか。まず、日常生活の全体を修行と一つにするためにはどうしたらいいか学べばいい。そのうえで、他の修行法を知っているなら、時間の余裕があるときに、実践すればいいだろう。その意味において、この昼と夜のサイクルの修行は、すべての修行の根本にあたるものだといってもかまわない。

一　帰依と礼拝の言葉「導師に帰依いたします」

I　ブッダの五つの部族をすべてみずからの内に統合した主、チャンチュプ・ドルジェ、オギェン・テンズィン、ドルジェ・ペルドゥンをはじめとするすべてのゾクチェン相承の血脈の導師たちに（身、口、意の）三つの門の大いなる信仰をもって帰依いたします。

題名の後には、導師たちへの帰依の言葉が続いている。経典の冒頭には、必ず「導師に帰依します」と書かれている。それはなぜだろうか？　仏教、とくにゾクチェンと密教においては、教えの伝授の根本は導師であり、すべては導師とむすびついているからである。

最近仏教を教えるようになった西洋人のなかには、「ゾクチェンの教えの根本は、自分の本質を悟り、理解することだ。だから、師匠にはあまり関係がない」と言う人がいる。だが、これはとても危険な考え方だ。ゾクチェンにせよ、マハームドラにせよ、導師と血脈なしに、悟りを得ることはありえない。導師と血脈がなければ、自分の本質を見出すことは不可能だ。

たしかに、本を読むことは、悟りの道に近づいていくために、とても役に立つ。けれども、本当に目を覚まし、みずからの真の本質を発見するためには、導師から直接に伝授を受ける必要がある。ゾクチェンやマハームドラの成就者たちの伝記を読んでみれば、そのことがよく分かるはずだ。時には、師と弟子のあいだに、今生だけではなく過去生から続いている強い絆があって、師からの手紙を読んだだけで弟子が覚醒するということもありうる。しかし、それは非常に稀な例だ。知識がありさえすれば、あるいは本さえ読めばいいというのでは、一番大切なものを見失うことになるだろう。ゾクチェンやマハームドラの生きた悟りを得るためには、純粋に保たれてきた正統な血脈と師匠が必要だ。

さて、このテキストでは、まず最初に、根本の導師であるチャンチュプ・ドルジェに帰依しますと書いてある。

「根本ラマ」とはどういう意味だろうか？　自分が教えを受けた師匠が有名だからとか、立派だったり、特別な力を持っているからといって、「根本ラマ」と呼ぶわけにはいかない。「根本ラマ」というのは、選ぶ対象ではない。とても偉い導師であったとしても、自分の悟りに直接の関係がなければ、「根本ラマ」とはいえない。

大木が一本あったとしよう。たくさんの枝があり、葉が生い茂り、花が咲いている。そのすべては、一番太い幹と、地中に伸び広がった根から生育したものだ。「根本ラマ」も、それと同じである。いい師匠に出会い、伝授を受け、それによって、覚醒し、みずからの内なる仏性を発見する。はじめて自己の仏性を発見するきっかけとなった師匠が「根本ラマ」である。悟り、理解、成長のすべては、根本ラマの教えに結びついている。

わたしの場合、チャンチュプ・ドルジェこそが、そういう意味における根本ラマだった。ここには、チャンチュプ・ドルジェとほかの二人の師匠の名前だけを挙げてあるけれども、チャンチュプ・ドルジェに出会う前に、わたしは、ほかにも多くの導師に出会い、教えを受けていた。ゾクチェンだけでも、わたしには、二五人の師匠がいる。

そういう師匠たちは、みな、最善を尽くして教えてくれた。けれども、チャンチュプ・ドルジェに出会う前、わたしは本当の意味で悟りを得てはいなかった。たくさん教えを受けただけだったのである。

もちろん、ほかの師匠たちに力がなかったとか、良いラマではなかったというわけではない。多分チャンチュプ・ドルジェほどには強い絆がなかったのかもしれない。あるいは伝授の仕方にかかわっていたのかもしれない。他の理由もあるかもしれない。いずれにせよ、チャンチュプ・ドルジェに出会ったとき、わたしは、自分がそれまで本当は理解していなかったのだということを理解したのである。チャンチュプ・ドルジェに伝授を受け、理解が生じるとともに、それ以外のすべての師匠から受けた教えや伝授の価値もはっきりわかるようになった。それまでのわたしは、教えを、単に知的に理解しているに過ぎなかったのである。

こういう関係が師匠と弟子のあいだにある時、その師匠を根本ラマと呼ぶのである。根本ラマと出会うことによって、教えと血脈の関係、伝授と自分の本質がどういう風に結びついているのかがはっきり分かる。自分と師匠の真の心の境地は、けっして切り離すことができない。ゾクチェンでは、グルの境地と一体になるグルヨーガがとても重要だが、その本当の意味は、三昧にとどまっているグルの心の境地と自分の本質が一つであることを直接体験することにあるのである。

根本ラマは、真実の知識への扉を開く鍵のようなものだ。それによって、自己の本質を発見する。それとともに、自分が見出したものすべての価値がわかる。真実への扉が開かれる。伝統が違い、師匠が違っていても、それは現われ方が違っているだけで、本質に入っていけば一つだということがわかる。

チャンチュプ・ドルジェは、デルゲ近郊のカムドガールに住んでいた。ゾクチェンの本当の意味を、単に知的な理解ではなく直接的な体験として、はっきりまぎれなく、わたしに見せてくれたのは彼だったのである。

チャンチュプ・ドルジェの名前の後には、最初の導師だった叔父のオギェン・テンズィン、そしてゾクチェンのヤンティの口伝をはじめとする教えを与えてくれたドルジェ・ペルドゥン（別名アユ・カンドー）の名前を挙げている。

さて、ゾクチェンという言葉は、わたしたちの真の存在のありようを意味している。ゾクチェンはどこにあるのかと聞かれたら、それはわたしたち自身の内部にある。ゾクチェンとは、身体、言葉、心の真実の本質、そこに内蔵されている無限の潜在エネルギーを指している。

では、そういう自分の真の本質であるゾクチェンを悟るにはどうしたらいいか？　そのことを教えるのが、ゾクチェンの教えである。

ゾクチェンの教えは、誰かが長い間勉強し、分析を重ねたあげくに作り出したものではないし、知的な学習の産物でもない。ゾクチェンの教えは、ブッダの体験と直接的な悟りから生まれてきたものだ。

ブッダは、一切知であり、無限の慈悲をそなえている。わたしたちがどのように無知であるか、どんな問題を抱えているか、よくご存知だ。わたしたちは、自己の真の本質を認識しそこなっている。無始の過去以来、ずっとそうだった。ブッダはそんな無明に閉ざされた私たちのありさまを良く知っており、無明から解き放たれるための道を教えられた。ゾクチェンの教えは、そういう道の一つだ。

自己の真の本質を見出し、悟りたいと思ったら、どうしたらいいだろうか？　勉強したり知的分析を重ねたらいいだろうか？　いや、そういうやり方を一生続けても、真の本質を見つけ出すことはできないだろう。

ブッダは、体験をつうじて、みずからの真の本質を見出すように説かれた。真実の本質を実際に見出すまでは、たとえ瞑想や学問によって心を訓練していると考えていても、実は狭い限界の中に縛られたままだ。それに対して、自己の本質を本当に見つけ出せれば、混乱や苦しみはなくなる。混乱を取り除くために努力する必要もない。

2 法身サーマンタバドラと同体である報身シュリー・ヴァジラサットヴァが、
アティヨーガの心髄の道を進む方法について、
このうえなくすぐれたる教師ガーラップ・ドルジェに与えられた口伝の精髄を
ここにいささか書き記すことを、ダーキニーたちがお許し下さいますように！

この一節では、ゾクチェンの血脈について述べている。すべての教えは伝授の血脈（brgyud-pa）に結びついている。だから、教えの源泉はどこに由来するのか、知る必要がある。ゾクチェンの教えは、原初仏サーマンタバドラ（Tib. kun-tu bzang-po）に由来している。法身仏であるサーマンタバドラは、その深い三昧の境地から直接、報身仏金剛薩埵（rdo-rje sems-dpa'）に、教えを伝授したのである。これを密意による相承（dgongs brgyud）と呼ぶ。さらに、金剛薩埵は、人間世界におけるもっとも重要なゾクチェンの導師であった変化身プラヘーヴァジュラすなわちガーラップ・ドルジェ（dga'-rab rdorje）に、象徴による伝授（brda brgyud）によって伝えた。そして、ガーラップ・ドルジェは、マンジュシュリーミトラとダーキニー（mkha' 'gro ma）に口伝（snyan brgyud）によって伝えたのである。

ふつう、法身、報身、変化身を、ブッダの三身と呼ぶ。法身（chos sku）は心の本性の次元を、報身（longs sku）は潜在的なエネルギーの次元を、そして変化身（sPrul sku）はより物質的な次元を、それぞれ意味している。

仏教では、わたしたちの存在を、身体、言葉、心の三つの側面から考える。その本来的なありようが、身、口、意の三つの金剛である。この三つの金剛の真の次元が、法身、報身、変化身というブッダの三つの身体（仏身）である。

サーマンタバドラは、法身を象徴している。図像として描く時には、紺青色をした人間の姿で描かれる。頭は一つ、手が二本、足が二本ある。瞑想のポーズで座り、裸で、体には服も装飾もない。

サーマンタバドラが人間の姿で描かれるのは、わたしたちが人間だからだ。サーマンタバドラが本当に人間のような姿をしているわけではない。法身は形を超えている。けれども、「形を超えている」というだけでは、どういうことかわからないだろう。そこで、図像としては、人間の姿で、ただし、裸で描かれるのである。それはすべて象徴である。また、手に法界定印を結んだ瞑想のポーズで描かれる。それは、実際にこの姿勢で瞑想をすることによって、心の本性を悟ることができるからだ。

サーマンタバドラは紺青色で描かれる。けれども、これも、法身が本当にそういう色をしているというわけではない。法身は色も超えている。サーマンタバドラが紺青色で描かれるのは、空性の境地を象徴的に示すためだ。空は青い、とわたしたちは言う。けれども、もともと空には何も色がないことをわたしたちは良く知っている。では、どうして青く見えるのかというと、まったくのからっぽで、しかも、この上なく深いからだ。法身仏が紺青色で描かれるのも、同じ理由からだ。深々とした空性のありようを象徴するためだ。意金剛の種字も同じく、空性と深くむすびついているから、紺青色で書く。

ゾクチェンの教えは、この法身サーマンタバドラから、報身の金剛薩埵へと伝授された。この報身金剛薩埵を、顕教経典の中に登場する菩薩の金剛薩埵と混同してはならない。サーマンタバドラ（普賢）の場合も同じだ。法身仏と菩薩のサーマンタバドラは、区別する必要がある。

報身金剛薩埵は、わたしたちに内蔵されている潜在的なエネルギーを象徴している。現象の本質は、たんに空性なのではなく、空なる本質からエネルギーが発現してくる。五色の光は、その出発点となる五つの精妙な原質ないしその精髄を象徴している。この報身の次元をつうじて、すべての清浄な顕現や、光に満ちた本尊たちが姿を現わしてくるのである。

顕現には、清浄な顕現（dag-snang）と不浄な顕現（ma dag-pa'i snang-ba）のふたつがある。清浄な顕現というのは、報身の次元に、元素の精髄である光が現出してくることだ。これに対して、不浄な顕現というのは、通常の物質レベルの現象を指している。物質レベルの現象は、カルマや薫習から生じる顕現と結びついている。よいカルマがあれば、よい顕現が生まれる。悪いカルマがあれば、悪い顕現が生まれる。だが、いずれも、物質レベルの顕現であって、原質の精髄が直接現われてきたわけではない。

変化身とは、その物質世界に形を持って出現したブッダのことだ。ふつうの生き物の場合、どんな顕現の中で生きるかは、カルマの結果によって決まる。これに対して、変化身の場合、ふつうの人間の姿をし、ふつうの人間の生活をしているけれども、それはカルマから生まれたものではないのである。

チベット語では変化身を「トゥルク」と呼ぶ。チベットに密教をもたらしたグル・パドマサンバヴァや、シャキャムニ・ブッダ、ガーラップ・ドルジェは、本物のトゥルクだといえる。

もちろん、それ以外にも本物の化身である「トゥルク」がいるかもしれない。だが、誰かがブッダや菩薩の「化身」だといって、すぐに信じ込むのは正しくない。また、チベットでは、偉いラマが亡くなると、その転生化身(トゥルク)を探し出すことがある。それについてどう考えるべきだろうか?

西洋人は、信じないとなると、まったく信じない。だが、信じるとなると、とことん信じる。たとえば、あるラマが偉大な高僧の転生化身(トゥルク)だとなると、完全に悟ったブッダだと信じこむのである。だが、こういうやり方は正しいとはいえないだろう。まず、自分でよく調べてみたほうがいい。人の言葉を鵜呑みにするのではなく、本当にそのラマは、「化身」というにふさわしいすぐれた特性をそなえているかどうか、確かめてみるべきだ。

偉いラマを招いて教えを与えてもらう時、「立派な活仏が教えを与えられるそうだ」といって人集めのために宣伝をすることもある。だが、そのラマが本物かどうかは、わからない。立派なラマかもしれない。けれども、もしかしたら、名前だけかもしれない。

とくにチベットの場合、外部の人たちにはまだあまり知られていないことだろうけれども、転生化身の大半、おそらく八割くらいは、寺院の利益のために「作られる」のである。今でもよく覚えているのだが、わたしは先生に、「トゥルクのふりをして勉強しないのはよくないよ。勉強しなければ、誰の役にも立つことはできないのだからね」と言われたことがある。もちろん中には、子供の頃に転生化身として認められ、大きくなってから、本当の化身らしい、すぐれた特性をはっきり示す場合もある。けれども、必ずしも、それが多数派とは思われないのである。

寺院にとって、転生化身というのは、よい妻をめとるようなものだ。チベットでは、富裕な一族出身の女性を妻にすれば、持参金として、高価な宝石や品物、多額の金を得ることができる。トゥルクも同じだ。チベットの寺院に行ったら、どんなふうに転生化身を教育しているか、じっくり観察してみるといい。たいていの場合、最初に加持の与え方を教える。それから、お経を読んだり、頭に法具を当てたりしながら、灌頂を与えるやり方を教える。

それくらいのことなら、とくに偉いラマの生まれ変わりでなくても、教えれば立派にやることができるだろう。そうやって加持や灌頂の与え方を学び、そのお礼に金銭を受け取るようになるのである。もちろん、みながみな、そうだというわけではない。本物の活仏だっている。ただ、実際のところはどうかをよく理解して、選んだほうがいい。トゥルクでも、よいトゥルクを選んだほうがいいだろう。

さて、根本テキストの中では、変化身として、最高の導師であるガーラップ・ドルジェの名前が挙げられている。ここで説かれている教えは、法身サーマンタバドラから報身金剛薩埵へ、さらに変化身ガーラップ・ドルジェへ伝えられた教えであり、わたしが自分で「作った」ものではないということが、これでわかるだろう。

その次の一行は、ダーキニーと護法尊に許可を乞うている所だ。教えと血脈は直接に結びついている。エカジャーティをはじめとするダーキニーや護法尊たちは、この教えと血脈を守る役目を負っている。

だから、血脈を受け、正しく修行していれば、ダーキニーや護法尊たちによって守られる。なぜなら、血脈はその修行者の中で生きていることになるからである。逆に、伝授を受け、血脈の中にありながら、それを尊重せず、問題を引き起こすなら、守られるのではなく、罰を受ける。ここで、ゾクチェンの口訣の意味を少し説明することを許してくれるように、血脈と教えの主であるダーキニーと護法尊に許可を求めているのは、そのためだ。ダーキニーというのは、悟りをえた女性や女神たちのことだ。ガーラップ・ドルジェが受けたゾクチェンの口伝をまとめ、タントラと呼ばれる秘密の経典に編集したのは、ダーキニーたちだったのである。

さて、そうやってダーキニーたちによって編集されたゾクチェンのタントラは、セムデ（心の本性の部 sems-sde）、ロンデ（法界の部 klong-sde）、ウパデシャないしメンガギデ（秘訣の部 man-ngag gi sde）の三つの部に分類されている。最初にテキストの由来について触れたように、この「昼と夜のサイクル」は、そのなかのロンデに属している。けれども、この三つの部を、まるで別々の学派や伝統のように考えるのは正しくない。みずからの真の本質、ゾクチェンの境地を発見したなら、セムデでもロンデでもウパデシャでも同じだ。

だが、こんなふうにいったからといって、三つの部がまったく同じだというわけでは、もちろんない。それはちょうど、身体、言葉、心の関係と同じようなものだ。身体、言葉、心は同じものではない。けれども、それを切り離してしまうこともできない。身体、言葉、心が密接につながりあい、一つになって、人間だと言える。

セムデ、ロンデ、ウパデシャは、同じではない。それぞれ異なる説明の仕方を持ち、特徴を持っている。だが、根本はひとつだ。みずからの真の本質に入ることだ。これは、ゾクチェンの教えの三つの部に限ったことではない。顕教、密教、ゾクチェンの関係も同じだ。最終的な目標はひとつ、

3 つねに四つの出離によって心の連続体を訓練し、
みずからの明知こそが導師であることを知るグルヨーガから、
いついかなる時も離れることなく、四つの時間において散失することなく、
覚醒と認識を保つことがヨーガの根本である。

二　前行

ここでは、前行について述べている。前行というのは、本格的な修行（正行）に入っていくための準備の修行だ。ひじょうに伝統的なやり方で教えるラマの場合、前行（sngon-'gro）をすべて終えるまでは、正行は教えない。チベットでは、そういう伝統的な教え方のほうが一般的だ。

この伝統的な方法は、ブッダの教えの全体を学び、修行するのだという考え方にもとづいている。小乗、大乗の共通の基盤である帰依から始まり、大乗仏教の根本である発菩提心を行じ、外タントラないし内タントラのやり方で浄化の修行を行ない、そして、大乗の方法にしたがってマンダラ供養を行なう。この前行は、心を浄化し、功徳を積むためにたいへん有益である。

けれども、だからといって、前行は必須の義務で、それをやらなければ正行は教えられない、ということにはならない。

それには明確な理由がある。まず、教えであれ、伝授であれ、形式にしたがったやり方とそうではないやり方がありうる。伝授を受け、みずからの心の本質に入っていくのにも、段階的なやり方とそうではないやり方がありうる。たったひとつのやり方しかないということはない。すべては、当人の能力や機根にかかわっている。

ゾクチェンは高い機根の人のための教えだとされる。もし機根が低ければ、もちろん、段階を踏んで一歩一歩のぼっていくのがいいだろう。けれども、みながみな、機根が低いとはいえないだろう。教えのエッセンスを学び、ゾクチェンの正行を実践できる場合もあるはずだ。

このことをもう少し深く考えるために、機根とは何か考えてみることにしよう。それにも、伝統的な理解と、より現実的な理解のしかたがありうる。

伝統的な理解とは、顕教経典の中で説かれているものだ。このテキストの一番最後にも、修行をしたいという意志（信仰）、精進、覚醒（憶念）、三昧、般若の知恵が必要だと書いてある。これに対して、現実的理解とは、環境や状況に応じて考えるやり方だ。たとえば、言葉もそういう能力の中に含まれるだろう。師匠と同じ言葉でコミュニケーションできる必要がある。もしそうでなければ、伝授を受けることはできないだろう。仏教の教えを学んだり、修行するためには、師匠と同じ言葉を勉強するか、よい通訳をさがすことが必要だ。

信仰も、中身について考えてみる必要がある。チベット人は信心深い人が多い。仏教にとても深い信仰を持っている。しかし、十分な理解がともなっているとは限らない。わたしの体験からいえば、ふつうのチベット人はラマに会いに来ると、加持を与えてくれるように頼む。加持を受け、お守りの紐などをもらうと、満足して帰っていく。ゾクチェンを教えてくださいと頼むことなどない。けれども、ラマにとって一番大切なことは、加持を与えることではないはずだ。教えること、理解させることだ。だから、わたしは、会いに来たチベット人に、ゾクチェンについて少し説明しようとする。だが、たいていの人は、聞こうとしない。関心がないのである。この場合、いくら信心深くても、ゾクチェンの教えを学び実践しようという意志は持っていないのだから、そのための機根を欠いていることになる。

修行をしたいという気持ちや関心がなければ、いくらラマに知識や知恵があっても、また慈悲深くても、何もできない。ラマのところに出かけていって、教えを聞き、何かを学んだとしたら、最初の条件である信仰があるということを示している。教えを聞いて、理解しようとし、また実際に何かを理解すれば、般若の知恵があるということを意味している。さらに、人によっては、正確に理解して、自分の存在とどう取り組んでいったらいいのか、どんなふうにして自分の本質を発見したらいいか、はっきり分かる場合もある。そういった人は、ゾクチェンを修行するのに十分な能力があることになるから、伝統的なやり方で進んでいく必要はない。

伝統的方法というのは、チベット仏教だけではなく、どんな社会にもある。たとえば、大学に行って勉強したいとしよう。どうしたらいいか？　まずは高校の卒業証明書を準備する必要がある。大学の事務所に行って、「勉強したいので、十分な能力があるかどうか調べてください」と言っても、高校の卒業証明書がなければ、誰も耳を貸そうとはしないだろう。それは、社会で一般に通用しているやり方ではないからだ。

仏教の伝統的なやり方も、それと同じだ。誰かが新しく教えを学び始めたとしよう。何も知らないし、教えを受けるのに十分な能力もないことを前提に、ことは進む。能力がなければ、準備をしなければならない。そのために前行をするのである。

もちろん前行の修行ができるなら、それにこしたことはない。だが、それはあくまでも、できるなら、の話だ。現代社会の中で働きながら、十万回の帰依の五体投地、十万回の発菩提心、十万回の金剛薩埵の念誦、十万回のマンダラ供養といった前行をしなければならないとしたら、本格的な修行を始めるのは、とてもむずかしいということになるだろう。もし準備だけしている途中で死んでしまったら、どうだろう？ 大宴会のごちそうの準備だけして、食べそこなうようなものだ。

わたしたちは、自分たちが生きている状況をよく理解する必要がある。シャキャムニ・ブッダは、状況に応じて、機に応じて、教えなければならないと説かれた。目をつぶって、ひとつのやり方に固執せよ、とは説かれなかった。だから、前行はどうしてもやらなければならない義務だ、というわけには必ずしもいかないのである。もちろん、できるならやった方がいい。だが、教えの最も重要な核心は何か、まず理解するように心がけたほうがいい。

とくにゾクチェンの場合、その本質を学び、実践してみなければ、機根があるかどうかは分からない。機根があるかないか、師匠や友達に決めてもらうわけにはいかない。実際に教えを聞き、実践してみて、はじめて機根があるかどうか分かる。能力はあるけれども十分ではなかったり、障害がいっぱいあるなら、そのための修行をすればいい。ラマに相談してもいい。能力や機根というのは、最初から、みながみな、完全に持っているようなものではない。育てていくことのできるものだ。

さて、根本テキストには、ゾクチェンを修行する者は、まず最初に、人生に対する態度を変える四つの瞑想（四つの出離 blo ldog rnam bzhi）によって心を訓練し、意識の連続体ないし意識の流れを浄化するべきである、と書かれている。その四つの瞑想とは

（1）人間として生まれることが貴重な機会であること
（2）生は無常である
（3）カルマの原因と結果
（4）輪廻はすべて苦しみである

をテーマにするものだ。

修行する時には、何の瞑想をするのであれ、この四つの大切なポイントを自覚しておく必要がある。たとえば、五体投地の修行のやり方を知っていても、気が散ったり、怠け心から、やらないままになることがある。その場合、なぜそんなことが起こるのか、自分に尋ねてみるべきである。それは、この四つの出離のポイントを忘れてしまっているからだ。もし本当に、人間として生まれることが貴重な機会であるということ、そしてすべては無常であるということを認識していれば、時間を無駄にしなくなる。

教えが持つ貴重な価値について、また人間として生まれ、修行できるという他に代えがたい機会を自分は今得ているということについて、しっかり理解しておく必要がある。そういった認識があれば、人間として生まれた貴重な機会によって得られたかけがえのない自由（有暇）を失えば、ど

んな結果が生じるかはっきり理解できるはずだ。自覚とは、そういう意味である。

ふつう四つの出離の瞑想を行なう時には、人間として生まれたことの大切さを最初に考える。そのため、前行を学ぶ時には、貴重な人間としての生にそなわっている一八の特徴ないし有暇（dal 'byor bco-brgyad）について、詳しい説明を学ぶ。

けれども、それだけではなく、さらに無常について深く考え抜くことが必要だ。今生は、この地球に、人間として生まれてきた。しかし、そのような状況がいつまでも続くわけではない。そのことをはっきり自覚するべきである。

人間として生まれてきた意味について、そして無常について教えるために、顕教では、偶然大海の真ん中の宝の島に辿り着いたけれども、そのことを知らないまま、手ぶらで家に帰った商人を喩えに使う。自分が大変貴重な機会を得ており、しかもその人間としての生は無常だということを自覚しないまま、一生を終え、死と再生の中間状態であるバルドに入ったとすれば、その人の人生は、犬よりも価値があったとはいえないだろう。

仏教の経典には、世界も、その中で生きている生命も、無常だということについて、細かい分析がたくさんある。けれども、大切なのは、そういう分析をたくさん暗記することではない。無常をつねに自覚し、忘れないようにすることがとても大事だ。

無常については考えたくない、自分が死ぬことを考えると心が乱れる、という人がいる。無常について考えることによって、緊張してしまっているわけだ。もしかりに、どこかにひとりで座り込み、「すべては無常だから、自分もいつかは死ぬ」と考えて、ひたすら厭世的になってしまうなら、たしかに、正しいやり方で瞑想しているとはいえない。

心を訓練する、というのは、あるがままの条件を理解するということだ。誕生があれば、死がある。それはごくふつうのことだ。何もびっくりするようなことではない。それを忘れて生きていくとしたら、どこかに過ちがある。わたしたちは、真実にそって生き、行為する必要がある。

無常の瞑想はとても有益なものだ。たとえば、今、とても幸せで、楽しく暮らしているとしよう。幸福に酔いしれて、気が散ってしまっている。その時、無常について思い出すのである。幸福や楽しみを否定するというわけではない。けれども、同時に、それが無常であることを自覚するのである。そうすれば、幸せな生活を楽しみながら、しかもそれによって気を散らさないで生きていくことができる。

チベットには、「馬が高いこともあれば、壁が高いこともある」ということわざがある。チベットだけではなく、ほかの民族にも、似たようなことわざがあるだろう。万事好調で幸せなこともあれば、問題に直面して困り果てることもある。けれども、無常というものごとの真実のありようを自覚していれば、混乱することも、楽しみの中に埋没して気が散ってしまうこともない。

しかし、それだけでも足りない。たとえ、生の無常を自覚していても、それにふさわしい善の行為を行なわなければ、幸福な再生のための原因を作ることはけっしてできない。それは、カルマというとても重要な真理を見逃しているからだ。悪しき原因を積み続けるなら、未来において、かならず悪しき結果を体験するだろう。その結果、さまざまな世界に転生し、苦しみを味わうことになる。

西洋文明の中には、カルマという表現はないけれども、行為の因と果についての考え方はある。たとえば、胃が痛いとしよう。すると、何か悪いものを食べたせいだろう、と考える。これはすでに、原因と結果の関係を信じているということだ。東洋に生まれた仏教は、この因果の関係について、西洋よりも、さらに透徹した洞察を深めてきたのである。

行為の原因と結果について、また輪廻はすべて苦しみであるということについて、しっかり認識すれば、ダルマを、自分でも、実践しようという意思が生まれる。そうすれば、ダルマの道をつうじて、まちがいなく解脱と悟りを得ることができる。

この四つの出離は、ただ学んだり、座って瞑想するときだけ思い出せばいいというようなものではない。どんな時でも、どんな状況にあっても、その要点をけっして忘れず、つねに自覚しつづけることがとても大切だ。ただひたすら仏教の本を読んだり学んだり、手のこんだ知的な分析に埋没するだけではあまり意味がない。

チベット語で書かれた前行のテキストを学び、長い間かけて修行する人がいる。それ自体はとてもよいことだ。前行は非常に大切な修行だ。ただ、その場かぎりのものになったり、頭だけのものになってしまってはいけない。その意味が、自分の心に深くしっかり根を下ろし、しみこむ必要がある。

さきほど少し触れたけれども、四つの出離について学ぶ時、最初の人間として生まれてきた貴重な機会の条件について、詳しく学ぶ。ダルマの修行を行なうのにふさわしい条件は何か、分析するのである。

そういう条件とは何だろうか。まず最初に、ダルマの修行ができない八つの状態から、まぬかれている必要がある。

八つの状態とは、地獄に生まれること、餓鬼に生まれること、動物に生まれること、ダルマについて何も知らない野蛮人として生まれること、長寿の神々として生まれること、誤った物の見方を持っている人々の中に生まれること、ブッダが世間に現われたことのない時代に生まれること、そして感覚器官が損なわれた体をもって生まれることである。もっとも、菩薩が、鳥や動物として生まれたり、誤った見解のはびこっている場所に生まれたり、障害をもった体で生まれることもあるし、ブッダが三悪趣の生きものを導くために、その世界に生まれることもある。いずれにせよ、このような状態は八つの無暇（mi khom-pa brgyad）と呼ばれ、その逆が八つの有暇（dal ba brgyad）と呼ばれる。

次に十の好適な条件（'byor-pa bcu）が必要とされる。そのうち五つは外部の条件に、五つは自分に、それぞれ関係している。

五つの外的な条件とは、世界に完全な心の覚醒を得たブッダが出現したこと、ブッダがダルマを説いたこと、その教えが確固として残っていること、自分がダルマの修行に入っていること、自分の修行の対象となるほかの生き物がいることである。

五つの内的な条件は、自分自身の状態にかかわっている。人間として生まれたこと、教えを聞くことができる国に生まれたこと、障害がないこと、悪業を積まなければならないような職業についていないこと、そして導師とその教えに信仰を抱いていることである。ただし、悪業を積んでいるように見えても、実はそれが菩薩の行為そのものである場合もあるから、他人の行為について、軽率に判断を下すことは避けなければならない。だが、いずれにせよ、修行をするためには、こういった条件が、すべてそろっている必要がある。

さて、こういう教えを受けた修行者は、どこかにこもって瞑想を始める時に、一八の条件をテーマに、一日に一つずつ、一八日間瞑想するように言われる。この修行は、一般的によく行なわれるものだ。人間として生まれたことがいかに貴重であるかを理解するために、一八の必要条件について、一つ一つ瞑想し、心を訓練するのである。もともとこの分析は、瞑想するために作られたのである。

けれども、こういう議論や分析の仕方は、後代の学僧たちによって作られたのである。人間として生まれることがとても貴重な機会であること、しかもそれが無常であることについて説かれた時、シャキャムニ・ブッダは、秋の空にかかる雲、山を流れ落ちる水の流れ、劇、ランプのちらちらする炎などといった喩えを使われた。こういった喩えを、シャキャムニ・ブッダの説法である顕教経典から拾い出した学者たちは、数え上げ、分析し、無常という真実について、知的に理解するための手続きを作り出したのである。シャキャムニ・ブッダ本人が、自分の喩えにもとづいて、そういう理論を作り上げたわけではない。

こういった分析を、詳しく経典にあるとおり学ばなければならないとすれば、物事はひどく複雑になってしまうだろう。仏教になじみのあるチベット人であってもそうだし、それ以外の人にとってはもっと大変だろう。知的分析の枝葉にとらわれて、本当の意味を見失ってしまうことになりかねない。

ものごとを複雑にするのではなく、単純にし、その本当に大事なポイントをつかむようにした方がいい。そして、それを日常生活と一つにしていくのである。

とくに、とても幸せな時や、逆に、とても悲しかったり混乱している時に、四つの出離の要点を思い出すことは、たいへん役に立つ。ひどく混乱し、困惑している時、わたしたちは、さらなる問題を作りがちだ。逆に、幸福に酔いしれている時も同じで、たくさん問題を作ってしまう。四つの出離は、そういう過ちから私たちを救い出す力を持っている。

シャキャムニ・ブッダは、さまざまに異なる個性を持った人間が、人間として生まれてきた生のありようについて理解できるように、いろいろな方便を使われたのである。だから、一番大切なことは、すべては無常だということを確認するために作られた理論について、思索をめぐらしたり、瞑想することではない。自分の生命もふくめて、すべては無常なのだという自覚を、つねにたもち、忘れないようにすることだ。

自分は人間として生まれたけれども、現在、一八の条件をすべて満たしているかどうか、と考えることにはあまり意味がない。人間として生まれたことによって、かけがえのない機会を得ていることをいつでも忘れないようにし、せっかくの機会を無駄にしなければいいのである。

人間として生まれたおかげで、わたしたちは、猫や犬よりも良い状況にいるといえる。なぜなら、人間は思考し、言葉を使い、理解することができるからである。人間は核兵器を作ることもできる。それによって、猫や犬よりもずっと大きな害悪を、この世界に加えることができる。しかし、人間は今生においてブッダの境地を悟ることもできる。そういう意味において、動物よりもずっとすぐれた能力と可能性を持っているのである。人間にはそういう可能性が開かれている。それが、人間として生まれてきたことの本当の価値である。

自分の真実のありよう、その限界と可能性の両方を自覚しているということが、自覚と明知（dran rig）という言葉の意味である。

さて、自覚という場合、ここで挙げた四つの出離の瞑想だけを指すわけではない。気が散らないようにすること、どんな状況にあっても最善を尽くすということがその根本である。そうやって忘れずに自覚を保つように自分自身を訓練するのである。

「心の訓練」（blo sbyong）は、そういう自覚の訓練をいう。人生に対する態度を変えるこの四つの出離の瞑想は、密教やゾクチェンの修行を行なうための前提となる一般的な前行である。

その次は特別な前行である。特別な前行は、良いカルマや功徳を積み、障害を浄化することを目的にしている。そういう修行としては、三宝への帰依、発菩提心、金剛薩埵の瞑想とマントラの念誦、マンダラ供養、すべての導師と一体になるグルヨーガがある。

その中で一番大切なのは、グルヨーガである。密教やゾクチェンの教えは、伝授と結びついている。伝授というのは、みずからの原初の境地を、直接、体験のレベルにおいて理解させることだ。それは言葉や象徴をつうじて起こることもあれば、直接、意念から意念への伝授が起こることもある。

心の本性は鏡のようなものであり、生じてくる思考は鏡に映し出される像のようなものだ。そのことを弟子に悟らせることが、導師の役割である。明知（rig-pa）は、美しいものであれ醜いものであれ、その前に置かれたものを透明に映し出す鏡にたとえることができる。鏡には、何でも透明に映し出す能力がそなわっている。映し出された像は、その鏡にそなわっている特性の表現にほかならない。

だが、鏡の本質や能力、すなわち心の本性には形がない。見ることができない。その結果、そこに映し出された映像に実体があると見誤ってしまうのである。ただ心の鏡に映し出された像であるにすぎないのに、それを外部の実在だと思いこみ、映像に支配されてしまう。そして、誤った思いこみにしたがって行動することによって、輪廻の中に陥るのである。

導師のもっとも大切な役割は、このように思考や心（sems）と心の本性（心性 sems-nyid）がどのように違うか、弟子がはっきり区別できるようにさせることだ。心と心の本性の区別を理解できるようになったら、本当の意味で、悟りが伝授されたと言える。単なる知的理解ではなく、実際の体験として、悟りが起こったのである。

ヨーガ（rnal-'byor）という言葉は、ふつう「合一」という意味で使われる。これに対して、ゾクチェンの教えでは、自分自身の本然の境地（rnal-ma）を理解している（'byor）という意味だ。明知と呼ばれる原初のありようを理解し、自覚していることこそ、「ヨーガ」である。明知すなわち本来具有している叡智（rig-pa）を悟り、認識していること（shes-pa）が、究極の意味におけるグル（bla-ma）である。グルヨーガとは、本来の境地にとどまりつづけることに他ならない。その境地から離れているときには、明知（rig-pa）ではなく、無明（ma rig-pa）にあるのである。

ゾクチェンの修行でもっとも大切なのは、この認識から片時も離れないようにすることだ。根本テキストの中では、食べる、歩く、座る、眠るという四つの時が挙げられている。生活のすべてをつうじて、気を散らすことなく、自覚と認識（dran-shes）を保ち続ける。それこそ、修行の一番大切な根本である。

三　昼の修行

4　回りつづける車輪のごとく、昼と夜を一つにして
道を進んでいくための中心は、昼と夜の修行であることはたしかなこと。
三つの時間を支配する昼のヨーガ（の口伝）は、
理解、確立、進歩の三つの主題にまとめられる。

普通、日常的な体験は、昼と夜の途絶えることのない循環のまわりをめぐっている。だから、修行は、昼の修行と夜の修行の二つに分けられる。昼の修行は、食べる、歩く、座る、眠るという四つの時のうち、最初の三つに深くかかわっている。

昼の修行については、三つの大きな主題がある。修行の理解（rtogs-pa）、修行の確立（brtan-pa）、そして修行の進歩（bogs dbyung）である。

i 修行の理解

5 理解していなかったことを、理解するようになるべきである最初のこと。
眼に見え、耳に聞こえるなど五感の対象の一切は、
さまざまに顕現はしているけれども、真実ではなく、形を持っているかのようだけれども、
心の幻術にほかならないのだと、はっきり見定める。

三つの主題の第一番目は、修行を理解することである。ゾクチェンの修行のエッセンスを説いたガーラップ・ドルジェの三つの遺言を思い出してみよう。

まず直接に心の本性に導きいれる。
つぎに、疑いが断ち切られ、決定（けつじょう）する。
そして、心の本性にとどまり続ける。

最初に述べたように、このテキストは、ゾクチェンのロンデに属しており、ロンデは、「疑いが断ち切られ、決定する」というガーラップ・ドルジェの二番目の言葉と密接に結びついている。けれども、セムデであれ、ロンデであれ、ウパデシャであれ、最初にみずからの本質への導き入れを受け、それを理解することが必要だ。

「本質に導きいれる」(ngo-'phro）というのは、たんに説明をすることではない。ラマは心の本質に導きいれ、弟子は、体験をつうじて、自分の真の本質、ブッダとしての本性、如来蔵を見出すのである。

「理解」というのは、単に推論したり、分析することではない。理解は伝授にもとづいている。見解（lta-ba）というのは物事の見方であり、分析や説明もその中にふくまれる。「理解」というのは、そういった見解を体験的に悟ることだ。そういう具体的かつ体験的な知識がなければ、他人の解釈や説明を頼りにしなければならない。しかも、そういった説明には、さまざまなヴァリエーションがあり得る。これに対して、「理解」というのは、体験的に知ること、見解について確信を持つことだ。

では、真実の理解とは何だろうか？　すべての現象は、真実ではない偽物の影像に過ぎないということを、直接に理解するということだ。どんな現象も、本当の意味では存在していない。そのことをはっきり理解するのである。

シャキャムニ・ブッダは、すべては幻だ、と説いた。そのことをみんな知っている。だが、知ってはいても、そのことにはっきりした確信は持っていない。すべての現象の本質は実体のない空であるにもかかわらず、具体的に実在していると信じているのである。そしてさらに観念を積み重ね、執着と緊張を増していくのである。

人生には問題がたくさんある。その根源はどこにあるのか探していくと、何にせよ、現象が実在すると信じているからだということが分かる。シャキャムニ・ブッダの言葉に確信を持っていないのである。

さまざまな色、形が、別々のものとして、はっきり区別されながら見えている。けれども、そのどれ一つとして、本当の意味で存在しているものなどない。それはちょうど、鏡に映った像のようなものだ。あるいは、海や湖の表面に、山や空が映し出されているようなものだ。たしかに見える。けれども、水面に山や空が実在しているわけではない。これは、とても大切なポイントだ。

シャキャムニ・ブッダは、すべての現象は本当は実在しないということを説明するために、八ないし十の譬えを使われた。たとえば、水面に映し出された月、夢、ガンダルヴァの都市といったものだ。ガンダルヴァというのは、六道の中の生命種の一つだ。ガンダルヴァの都市を目にして、そこに行ってみると、消え失せてしまう。あるいは、鏡、砂漠の蜃気楼。砂漠を歩いていて、河や湖といった水のある場所が見える。だが、近づいて行ってみると、消えてしまう。どんな現象であれ、実体はない。見るもの、聞くもの、感覚をつうじて触れるものなど、すべては、本当には実在しない。悟りが深まるにつれ、そのことが、はっきりわかるようになってくるのである。

では、すべての現象は空であるにもかかわらず、なぜ、存在し、見たり、聞いたりすることができるのだろうか。相互依存（縁起）によってである。鏡の前に物を置くと、縁起によって、鏡に像が映し出される。

わたしたちの真の本質は、鏡のようなものだ。どんなものでも映し出し、現出させることのできるような潜在的な力をわたしたちは持っている。鏡に何が映し出されようと、本当は問題ではない。鏡には、良いものであれ、悪いものであれ、すべてが映し出される。鏡は、何であれはっきり、くっきり、明晰に、正確に映し出すことのできる性能がそなわっている。思考であれ、カルマから生まれる顕現であれ、何が映し出されても、鏡のような心の境地にあれば、それによって支配されることはない。

問題が生じるのは、二元論的な見方の中におちいった時だ。自分の本質は鏡のようなものだということを見失って、ここに鏡があって、向こうに対象があり、表面に映像が映し出されているという見方におちいってしまう。小猫は、鏡に映った自分の姿を見て、それが自分だとは分からずに、仲間がいると思って、その後を追いかける。輪廻も同じだ。

知的な理解も同じだ。一生をかけて分析を続け、知的な理解を深めていったとしても、ものごとの真のありように到達することはできないだろう。真実を見出し、理解するためには、外を見ていてはだめだ。内側に目をむける必要がある。

わたしは、よく眼鏡と鏡をたとえに使って説明する。どんなに良い眼鏡を持っていても、それは外部の対象を見るためのものだ。眼鏡によって、どんなにはっきり、精確に、外の対象が見えたとしても、二元論的な見方の中に入り込んだままであることに変わりはない。知的分析をどれほど深めていったとしても、真実にたどり着くことはできない。

これに対して、鏡を見たからといって、外部の対象がよりよく見えるというわけではない。鏡には、自分の顔が映し出されている。美しかろうが、醜かろうが、自分の顔が映っている。それによって、自分がどんなありようをしているか、発見することができる。内側に目をむけ、自分を観察すれば、心の本性にはいる可能性が生まれる。

実際のところ、すべての現象は、心と結びついてあらわれてくる。そして、その心は、鏡に映し出された像のようなものだといえる。

だが、こんなふうに言ったからといって、「すべては心によって作り出される」ということではない。それでは、心が主体で、行為し、何かを創り出していることになる。心が主体なのではなく、心もまた、鏡に映し出された像であり、顕現なのである。

良いものであれ、悪いものであれ、すべての顕現や思考は、心に結びついている。内側を観察している時、わたしたちは、心の本性の顕現を見ているのである。この顕現のありようを、ゾクチェンでは、ロルパ（rol-pa 遊化）と呼ぶ。心がさまざまな多様なあり方において顕現することを、そうやって表現しているのである。

さて、こうして、すべては心と結びついていることに確信を持てば、ダルマを理解する可能性が開かれる。

ブッダの教えを普通、ダルマと呼ぶ。だが、ダルマとは、もともと、すべての現象を意味する言葉である。では、ダルマを理解するためには、すべての現象について、知る必要があるということになるだろうか？　もしそうなら、無数の現象があるのだから、無限回の生を費やしても、知り尽くすことはできないだろう。

ブッダの教えは、それとは反対だ。自分自身に目をむけ、それによって、ダルマの根源を発見するのである。ゾクチェンでは、「ひとつを知ることによって、すべてが解脱する」（gcig-shes kun-grol）と言う。一を見出せば、すべてのダルマのありようが分かる。心がすべての根本であることを知る。これは、とても大切なポイントだ。

ゾクチェンにおいては、すべての顕現（現象のあらわれ snang-ba）は菩提心、あるいは原初の境地にそなわっている潜在的なエネルギーないし力能（rtsal）だと理解する。すべての顕現は、原初の境地にそなわっている特性ないし飾りなのである。悟りの境地に入ると、この点について疑いがなくなる。顕現は心の幻術だと決定（けつじょう）するのである。

6　心の本性は、もともとの始まりから空にして実体がない。
無のごとく、しかも光明が輝きでるさまは、水に映し出される月のようだ。
空性と光明が不二である、至高の明知の原初の知恵は、
その自性において、自然状態で完成をとげていると理解する。

この頌では、心と心の本性について説明している。

心の本性について理解したり、探求したりする前に、まずは、心とはどんなものかよく知る必要がある。

だれにも心がある。ほんのしばらく座って、観察すれば、どんなふうに心が現象してくるかわかる。何秒もしないうちに、思考が生まれてくる。それが心だ。

心は、その時その時のさまざまな状態や思考と結びついている。何か問題があったり、苦しみを抱えているとしよう。その根源には、かならず心がある。逆に、幸せだったり、嬉しかったりする

のも、その根源にあるのは心だ。心がなければ、喜びも苦しみもない。良いことであれ、悪いことであれ、すべての根源は心だ。

わたしたちは、ふつう、自分を縛るさまざまな制限の中で生きている。そういった制限はどこから生まれてくるのか？　それは、心から生まれてくるのである。心から生まれ、心とともに成長し、増大する。これは良い、これは悪いといった判断をし、思考し、信じる。そうやって制限を増やし、問題を複雑にするのである。何かについて考えると、次に、「なぜ？」と問いかける。それは、その「何か」が実在していると信じているからだ。心とは、そういう過程の全体である。

これに対して、心の本性というのは、心の真の本質、その本来のありようを指している。

心と心の本性の関係は、鏡に映し出される像と鏡そのものにたとえることができる。鏡に映し出された像の本質は何かといえば、鏡そのものだ。映像の本質が、鏡の外部にあるわけではない。また、鏡そのものについて理解したければ、そこに映し出されている像をつうじて、理解する必要があるだろう。鏡の本質は、映像をつうじて、はじめて理解することができるものだ。鏡に映し出される映像は、そういう意味を持っている。

心も同じだ。心は、さまざまな問題を作り出す。けれども、心をつうじて、はじめて心の本性について理解することができる。大切なのは、心の本性を理解するための方法を知り、実際に使ってみることだ。

では、心の本性はどんなものだろうか？　この頌の最初の一行には、「心の本性は、もともとの始まりから空にして実体がない」と書かれている。

鏡の本質を理解するためには、そこに映し出されている像について、まず理解する必要がある。それと同じで、心の本性を直接、体験的に理解するためには、思考を吟味し、それがどこから生まれ、どこにとどまり、どこに行くのか、よく観察する必要がある。

ところが、実際に、そのことをよく見ようと観察を続けていると、思考にも感情にも、生まれてくる場所もなければ、とどまる場所も、行く場所もない、ということがわかる。ここから生まれ、ここに存在し、ここに消えていく、とはっきりいえるようなものはない。ただ空性が見つかるだけだ。これこそ真実の心の本性である。

ゾクチェンの教えでは、心の本性について、「もともとのはじまりから清らかである」（本来清浄(カダク) ka-dag）とともに、「自然状態で完成している」（任運成就(フンドゥプ) lhun-grub）と説明する。「もともとのはじまりから清らかである」というのは、空性のことを指している。これに対して、「自然状態で完成している」というのは、心の本質は空であるけれども、同時にそこには、無限の潜在エネルギーが内蔵されていて、副次的条件（縁）があれば、発出してくるということを意味している。

この頌では、そのうち、空性、すなわち「もともとのはじまりから清らかである」という側面について述べているのである。心の本性は、空であり、また無我である。私たちは、ふつう「我」というものがあると思っている。けれども、これこそが「我」であるといえるような実体は、どこにもない。

しかし、だからといって、心は単なる無だと考えるべきではない。なぜなら、鏡と同じように、純粋で透明な輝く性質（光明）を持っているからである。この光明の側面は途絶えることなく、また妨げられることなく存在している。

それはちょうど、水の中に、月が映し出されるのと同じだ。水に月が映っているのを見ることはできる。けれども、本当は、月は空にかかっているのであって、水の中にあるのではない。では、なぜ、月が映って見えるのかといえば、副次的条件（縁）があるからだ。

水は、透明で、汚れがなく、清らかだ。だから、鏡と同じように、さまざまな像を映し出すことができる。その清らかな水の上に、輝いている月がある。その相互依存（縁起）によって、水に月が映し出される。

心も同じだ。実体があるわけではないが、縁によって、さまざまな思考が生じてくる。空性の中に、すべてが光明においてあらわれてくる。心に生じてくる思考は、心の本性がみずからを表現するありようだ。

本尊の姿を観想する密教の生起次第の修行は、このように、心の本質においては空性と光明が不二だという理解にもとづいている。まず最初に、「すべてのダルマは空である」ととなえ、完全に、空なる次元に没入する。その空なる次元から、種字の音とともに、五つの原質の精髄が、さらに本尊とそのマンダラが出現してくる。このような生起次第の修行をつうじて、空なる次元には、ありとあらゆるものがあらわれてくる潜在的可能性が秘められているのだということを、ありありと理解することができる。

あるいは、真っ青に澄みわたった青空をしばらく観察してみるのもよいだろう。やがて雲がかかり、さまざまな現象が生じる。だれかが、空に雲を「作り出して」いるわけではない。副次的条件（縁）があるから、雲が出現してくるのである。何にもないからっぽの空に、さまざまなエレメントが運動し、交錯し、雲があらわれる。それと同じで、心の本性は空でありながら、しかも、その空なる次元に、とだえることなく光明があらわれてくる。それが、わたしたちのありようだ。

心の本性は空であるけれども、思考（分別 rnam-rtog）は、途絶えることなく生じ続ける。心の本性というのは、現象ではなく、心の真実のありようを指すから、空だといえる。空でありながら、しかも、光明があらわれてくる可能性をはらんでいるのである。

気をつけなければならないのは、光明があらわれてくるといったからといって、光やブッダや浄土があらわれてくるとはかぎらないということだ。今、なにか考えているとしよう。その思考そのものが、光明の発現だといえる。思考から思考が生まれ、成長する。からっぽの空に、巨大な雲が出現するのである。

けれども、だからといって、空が雲を「作った」わけではない。思考も同じだ。思考は光明と結びついている。しかし、それは副次的条件（縁）と結びついてあらわれてくるのであって、副次的条件（縁）がなければ、思考も存在しない。

逆に、思考が存在しないからといって、光明が存在しないことにはならない。光明はつねにそこに存在している。光明とは、空性に内蔵されている潜在エネルギーだ。

さて、このように、空性と光明がわかちがたく一体になっているのが、わたしたちの本来のありかただとするなら、そのことを本当に理解し、悟るにはどうしたらいいだろうか？

悟るための唯一の道は、体験である。みずからの存在のありようを理解するには、体験をつうじて理解するしかない。身体、言葉、心（身、口、意）と深く結びついた体験をつうじて、はじめて、自分の本質を理解することができる。

身体と深く結びついた体験としては、深い純粋な快楽（大楽）や、それ以外のさまざまな感情や感覚がある。

浄土やブッダといった清浄な顕現は、言葉ないしエネルギー（口）と深く結びついており、光明の体験と呼ばれる。悪しきカルマから生まれる不浄な顕現や思考も、光明と結びついている。

また、シネー（「止」zhi-gnas）の瞑想をつうじて、静寂な空の境地を体験することもできる。静寂な境地は、こころ（意）と深く結びついているといえる。

こういったさまざまな体験を使い、それをつうじて、みずからの本質を発見するのである。

みずからの真の本質を、チベット語で「リクパ」（rig-pa 明知）と呼ぶ。その反対がマリクパ（ma rig-pa）すなわち無明である。無明とは、みずからの本質やそこに内蔵されている潜在エネルギーのありようについて無知であることだ。そういう無知から解放され、みずからの本質を具体的に理解した時、それをリクパと呼ぶことができる。心の本性は空であるけれども、同時に光明の潜在エネルギーが内蔵されている。そのことを直接に理解するのである。

さて、このように、わたしたちの本質は、「もともとのはじまりから清らかである」（本来清浄(カダク) ka-dag）とともに「自然状態で完成している」（任運成就(フンドゥプ) lhun-grub）。そのことを示す象徴として、水晶の石や水晶球、そして孔雀の羽根をもちいる。

水晶は、「もともとのはじまりから清らかな」心の本性のありようを象徴している。水晶は、透明で、清らかで、純粋だ。心の本性も同じで、空性そのものだ。

それに対して、孔雀の羽根は「自然状態で完成している」ありようを象徴している。よく見ると、孔雀の羽根には、五色の虹の輪のような美しい模様がある。ゾクチェンの教えでは、そのような虹色の円輪をティクレ（thig-le）と呼ぶ。心の本性には、原初の潜在エネルギーが、地、水、火、風、空の五つの原質のエッセンスとして内蔵されている。孔雀の羽根についているティクレは、そういう原初の潜在エネルギーをよく表現するものだ。

ゾクチェンの修行をすれば、自然状態にあるエネルギーの現出を直接に体験することができる。ゾクチェンの秘訣の部の教えでは、そういう体験を「法性が直接に現出する」顕現（法性現前chos-nyid mngon-sum）と呼ぶ。法性というのは、すべてのダルマ、すべての現象の真のありようということだ。すべての現象の本質は空だ。しかも、その空性に無限の潜在的可能性が内蔵されている。そのことをただ言葉だけでなく、実際に感覚をつうじて体験するのである。とくに「顕現」と呼ぶのは、視覚が感覚の最初に来るものだからだ。

たとえば空を見つめていると、白銀色の玉のようなものが見えてくることがある。あるいは、太陽の光を見ていると、五色のティクレが見えてくることがある。なぜそういう物が見えてくるのかといえば、わたしたちには、もともとそういう原初の潜在エネルギーが、みんなそなわっているからだ。だから、副次的条件（縁）があれば、その原初の潜在エネルギーが、容易に現出してくるのである。

銀色の玉や五色のティクレは太陽光線の産物で、自分の外部にあるものだと考える人もあるだろう。だが、太陽の光は副次的条件に過ぎない。根本にあるのは、わたしたちの心の本性に内蔵されている原初の潜在エネルギーである。ティクレは、わたしたちの外部にあるのではなく、内部にあるのである。

長期間真っ暗な闇の中にこもるヤンティ（yang-ti）の修行をすると、そのことがよくわかる。あるいは、ただ目をつぶっただけで、そういうヴィジョンがあらわれてくることもある。太陽や空を見つめているわけではない。にもかかわらずティクレが現出してくる。それは、わたしたちの中に、もともと、そういう原初の潜在エネルギーが内蔵されているからだ。

密教やゾクチェンにおいて、「原初の知恵（イェシェ）」（ye-shes）と呼ばれるのは、この原初の潜在エネルギーのありようを指している。密教では五つの知恵が、またゾクチェンでは五つあるいは二五の知恵があるというけれども、いずれも外部にあるものではない。みずからに内蔵されている原初の潜在エネルギーの顕現にほかならないのである。

そのすべての根源にあるのは、明知である。修行をつうじて、その明知の境地を見出すのである。それによって、空性と光明が不二であるような、明知の原初の知恵（rig-pa'i ye-shes）を見出す。心のレベルにおいては、こういう不二の状態を見つけだすことはできない。心は時間の中ではたらいているからだ。それに対して、明知は、そういう狭い限界を超えている。

大切なのは、この原初の知恵は作為によって作られたものではないということだ。修行によって作り出されたり、成長したり、あらわれてくるものではない。すべての生き物に、もともとそういう素晴らしい特性が内蔵されているのであり、修行をつうじて、それを「発見」するのである。原初の知恵は自然であり、あるがままで、完成された状態にある（任運成就 rang-bzhin lhun-grub）。

これは、顕教と密教、そしてとくにゾクチェンを分かつ大切なポイントだ。顕教においては、菩薩の地を一つひとつ上がりながら、ブッダにふさわしいすぐれた徳を作り上げていくと説明する。だが、密教や、とくにゾクチェンでは、そういう考え方をとらない。「ゾクチェンの地は一つ」（rdzogs-pa chen-po sa-gcig-pa）という言葉がある。ゾクチェンには、初地から十地に到るようなたくさんの地などないという意味だ。明知の境地はひとつだ。それを見出すことがポイントだ。「サーマンタバドラの祈願」（kun-bzang smon-lam）の中には、そのことをはっきり表現している次のような言葉がある。

みずからの本質（リクパ）を認識することができれば、ブッダである。
認識できなければ、有情である。

もちろんこんなふうに言ったからといって、すぐにサーマンタバドラのようになれるという意味ではない。たくさん悪業を積んできているから、それにはしばらく時間がかかるだろう。しかし、リクパの境地はひとつであり、ゾクチェンの修行者にとっては、その境地にとどまり続けることが道なのである。

ミラレパの伝記の中には、このことをとてもはっきりさせてくれるエピソードがある。ミラレパは、母親にそそのかされて、自分たちにひどい仕打ちをした親戚を強力な魔術の力で呪殺した。そのことを深く後悔したミラレパは、苦しみから逃れるために、多くの導師のもとに教えを求めに行った。

最初に彼が出会ったラマは、ゾクチェンを修行しているニンマ派のラマだった。ミラレパは自分の行為を懺悔して、「こんなにひどい悪業を積んだからには、修行しても救われる道はないのではないでしょうか」と聞いた。するとラマは、「わたしの教えは、朝聞いて瞑想すれば朝解脱するし、夕方聞いて瞑想すれば夕方解脱する教えだ。心配することはない」と言ったのである。それを聞いたミラレパは、「それなら大丈夫」とばかり、怠けてばかりいた。それを見たラマは、ほかのラマのところに行くように、ミラレパに言ったのだった。

これはひとつの例だ。心の本質への導きいれを受け、それを本当に理解し、みずからの本質を発見することができたら、すなわちサーマンタバドラの境地にある、ということだ。それこそ悟りであり、覚醒である。

だが、いつでもその境地の中にいられるわけではない。たいてい二元論的なものの見方によって縛られ、気が散ったままだ。浄化しなければならない膨大な悪業がまだ残っている。そのことを無視して、「わたしは悟った」とか「ブッダになった」というのはまちがっている。やらなければならないことはたくさんあるのだ。

けれども、自分の本質を理解すること、自分はそういう素晴らしい知恵や特性を最初からそなえているということを、まずは発見することが何より大切である。

7　現象は法性の飾りだと了解することによって
リラックスした六識にあらわれてくる顕現は、その本来の土台に解脱する。
明知は原初の知恵そのものだと了解することによって、
煩悩、薫習の顕現は、その本来の土台に解脱する。

ここでは、どうすれば自己解脱の境地に入れるか説明している。

顕教、密教、そしてゾクチェンは、それぞれ、放棄、変容、自己解脱の道とよばれる。煩悩や分別に対する対応法がちがっているからだ。では、ゾクチェンが自己解脱の道だという意味は、どこにあるのだろうか？

日常生活の中で、わたしたちは、ふつう日常的なものの見方の中に入りこんでいる。自分はここにいて、向こう側には、善悪、美醜の対象があると考えている。そして、「よい」対象には欲望を、「悪い」対象には怒りを感じる。そういう二元論的なものの見方の中に入りこむことによって、輪廻の中に完全に閉じ込められている。

しかし、修行したいと思うなら、とくにゾクチェンを修行したければ、すべての顕現は、自分自身の潜在エネルギーの発現した飾りのようなものだということを、まず理解する必要がある。

わたしたちの真の本質は、鏡のようなものだ。鏡には、良いものも、悪いものも、ありのままに映し出される。善であれ悪であれ、鏡は気にしない。鏡にはすべてを透明に映し出す無限の能力がそなわっている。映し出された映像は、鏡に内包されている可能性の表現にほかならないのである。この原理を知り、二元論に陥るのをまぬかれれば、すべては自然に解き放たれる。何も問題は生じないことになる。

「顕現」というのは、さまざまにあらわれてくる現象のことだ。「法性」というのは、すべてのダルマの真のありようのことだ。すべての顕現は、事物の真実のありようたる法性の飾りにすぎないということを認識するのである。

そういう認識を保ちつづけていると、見たり、聞いたり、考えることにかかわるすべての感覚や意識はリラックスしていく。放松すなわち生き生きと目覚めつつリラックスしている六識――五感の働きと意識――に生じてきた顕現は、その本来の状態に自然に解脱する。このように、現象があらわれてきた時、それについて概念や判断が下される以前の透明な認識を「光明」と呼ぶ。

この自己解脱の境地においては、顕現は、いつでも、生じては解放される。もう対象や二元論的な見方によって支配されることはなくなる。何かを見ても、その美醜によって支配されることがない。一瞬一瞬覚醒した認識を保っている。何かを見ながら、それに支配されることなく、楽しむことができるのである。

音についても同じだ。立派な音楽を聴いて、「これはすばらしい」と思って執着したら、その音楽によって支配されてしまったのである。ところが、自己解脱の境地においては、音によって支配されずに、しかもそれを楽しむことができる。それが可能になったら、逆に、ひどい音を聞いても、影響されなくなる。

この点について、もう少し詳しく考えてみることにしよう。誰かが近くでひどい騒音を立てている。ふつうは、「ひどい音だ」と思う。拒絶する心が働いているのだ。それだけで足りなければ、怒りを感じる。逆に、とても音楽の好きな人がいて、「この音楽は大好きだ。もっと聞きたい」と思ったとしたら、執着しているのである。

怒りと執着、このふたつが、問題や苦しみをつくりだすおおもとだ。二元論的な見方のなかに陥ってしまっているときには、必ずこのふたつの煩悩が生じている。何かを受け入れるか、拒むかしているのである。それに対して、受け入れることも拒むこともなく、その次元の中にはいって、楽しむこともできる。「六識が解脱する」というのは、そのことを指している。

さて、このような明知の境地が現われてきたとき、そこに内蔵されている運動性を、原初の知恵(ye-shes)と呼ぶ。純粋な叡智である明知が生じてくる時、それは必ず自然発生的で、あるがままで完全な完成状態にある。リクパの叡智には、本質的な特性がすべてそなわっているのである。それはちょうど太陽のようなものだ。昇る太陽からは、かならず光が放たれる。それと同じなのである。

さて、「顕現」というのは、六識に現われてくる現象すべてを、これに対して煩悩や薫習というのは、内的な体験世界を指している。この頌の後半では、煩悩や薫習の自己解脱について説明している。

明知の境地から離れることによって、煩悩はいや増しに強力になる。煩悩にひきずられ、支配されてしまう。これに対して、明知の境地にとどまり、煩悩を自覚していれば、それによって支配されることもないし、逆に抑える必要もない。なぜなら、煩悩は原初の境地の飾りのようなものだからである。

こうして、煩悩は生じるとともに、つねに、その本来の土台に自然に解き放たれる。煩悩であれ、習慣化されたカルマの痕跡（薫習）であれ、すべては運動であり、その根源は明知たる心の本性と結びついている。それゆえ、明知の境地にあるときには、煩悩もカルマの痕跡も自然に解放される。

8　顕現と明知は分けることのできない一体をなしていると了解することによって、二元論にもとづく分別は、その本来の土台に解脱する。観察することによって解脱する、生じた瞬間に解脱する、自己解脱するというヨーガ行者の能力に応じて、道を前進する。

明知こそが、すべての潜在エネルギーの根源である。だから、顕現とそれを認識している明知を、別々のものとして分けることはできない。明知と顕現とは分けることができないのである。このことを了解（通達 ngos zin）し、この境地の中にとどまっていれば、主体客体の二元論に執着する分別は、その本来の土台に解放される。分別を止めたり、拒絶したり、何かを対置したり、智慧に変容させようとして、努力する必要は一切ない。ただ、自覚を保ち続けていればいい。

この場合、修行者がどれくらいの能力をもっているかによって、自己解脱には三つの段階がある。

（1）赤裸々に注意を向けることによって解脱する（gcer grol）。
（2）思考が生じるとともに自己解脱する（shar grol）。
（3）自己解脱そのもの（rang grol）。

本当に高い能力がある場合には、ただ明知の境地にとどまっているだけでいい。それによって、自動的にすべての分別や煩悩は解き放たれる。だが、まだそれだけの能力がない場合には、まず一番めのチェルドル（gcer grol）から始める必要がある。

「チェル」（gcer）というのは「赤裸々な注意観察」という意味である。「ドル」（grol）というのは、解き放たれる、解脱するという意味だ。何かはっきり見えないときには、目を見開いてよく見るだろう。そうすれば、どんなものかはっきり分かる。それと同じで、分別が生じてきたら、それを正面から見る。そうすると、分別はその本来の状態に解放されるのである。

たとえば、何かとても美しいものを目にしたとしよう。その時自分の心を観察していれば、「ああ、美しいと考えている。このまま執着に陥りそうだ」と気づく。気が散ってしまえば、完全に二元論の中に落ち込み、執着してしまう。そのことを認識しつつ、自分の状態を観察、自覚しているのである。

これはまだ本物の自己解脱とは言えない。自分を観察しているということは、まだすこし努力し、意識的に注意を働かしているということだからだ。

次には、そのような注意観察も解放する。意識して注意することが必要でなくなったら、二番目のシャルドル（shar-grol）の段階に入ったということを意味する。

「シャル」(shar)という言葉は、「生じる」「立ち上がる」という意味である。感覚と対象の接触が起こり、あるいは思考が生じる。まさにその瞬間、思考は自己解脱する。

この場合、思考が生じた時に、それを正面から見ようと努力する必要はない。ただ感覚的な知覚や思考が生じた瞬間、「一瞬一瞬の自覚から離れてしまったら、執着に陥ってしまう」と思い出せば、それでいい。そうして、明知の境地にとどまれば、知覚も思考も、自然に解脱する。

シャルドルの場合、とくに注意力をはたらかせる必要はないし、努力もほとんど必要ではない。しかし、まだ、リクパの境地から離れたら執着に陥ってしまうということを、そのたびごとにしっかり思い出す必要がある。その意味では、完全な自己解脱とは言えない。

真実の自己解脱(rang-grol)は、この能力が完全に成長した時に生じる。この段階においては、明知の境地がずっと持続するようになっている。何かを見たり、感覚と対象が接触した瞬間、それは解き放たれる。何も努力する必要はないし、問題もない。

自己解脱の境地は、とぐろを解く蛇にたとえられる。ぐるぐる巻いている蛇は、とぐろを解く瞬間、何かにひっかかることはない。それと同じく、煩悩やさまざまな問題、苦しみがあっても、それによって支配されたり、影響されたりすることがない。

自己解脱の境地は、まさにそういうものだ。

9　突如生じる最初の刹那の認識こそ、
　無作為、不生にして、(無から)立ち上がってくる明知であり、

主体と客体の分裂（した極）を離れた真如そのもの、
本然なる真実、自然に生まれる明知の原初の知恵である。

この一節は、ものごとの根幹にかかわる真理を述べている。

感覚が対象に触れた最初の刹那、突発的に生じる知覚や認識、あるいは突発的にあらわれたその瞬間の認識こそが、明知だ。

なにか準備をしたわけでもないのに、前触れもなく、突然、思考が立ちあらわれてくることが、よくある。その瞬間生じた直覚こそ、明知である。

仏教用語で「刹那」というのは、きわめて短い時間の単位を指している。指をパチンと鳴らす瞬間、あるいは、その六〇分の一だということもある。

いずれにせよ、思考が立ちあがってくる最初の出発点のことだ。たとえば、「こうしよう」と思った瞬間は、善悪をはじめ、どんな判断もまだはたらいていない。その瞬間の認識は、二元論的なものの見方によって支配されていない。そのあとで、判断作用がはたらき始める。それによって、二元論の枠の中に入ってしまうのである。

このように、知覚や思考が生じた瞬間の認識が、「刹那の認識」である。この「刹那の認識」を見出せれば、明知を見出したことになる。その最初の刹那の認識の中に、みずからの真の本質たる明知があらわれているのである。もしもその状態にとどまりつづけることができれば、永遠にサーマンタバドラの境地に入ったままでいられる。とはいえ、この状態にとどまりつづけることはそんなに簡単ではないから、「刹那の認識」は、ふつうは一瞬のみで過ぎ去っていく。

「刹那の認識」は、明知の一つの例だ。明知は、心によって修正されたり、変えられたりすることなくあらわれてくる。何かの縁（副次的原因）によって作られたり、生み出されたのでもなく、自然に立ち上がってくる。


この純粋な叡智は、主体・客体の分裂した両極を超えており、あるがままの存在そのもの（真如 de-bzhin-nyid）である。永遠の真理であり、自然発生する明知の原初の知恵である。真如には、もともとのはじまりから清らかである（ka-dag）とともに、自然状態で完成している（lhun-grub）という両面があるけれども、原初の知恵は、後者と密接に結びついている。

10 明知には、サーマンタバドラの真実の心の境地の三つの特性が、完成している。
薫習から離れているから、法身たる本体は空である。

対象的思考から離れているから、報身たる自性は光明である。

怒りと貪りから離れているから、変化身たる慈悲のエネルギーは、とだえることがない。


明知には、サーマンタバドラの真実の心の境地（密意 kun-bzang dgongs-pa）の三つの特性が、すべて完全にそろって存在している。

「サーマンタバドラの真実の心の境地」といっても、じつはそれは、わたしたち自身の本質、心の本性に他ならない。わたしたち自身の本質に、本体、自性、慈悲のエネルギーという、これから説明するような三つの特性が、もともとそなわっているのである。ゾクチェンの教えでは、この三つの特性を、三つの原初の知恵と呼ぶこともある。

さて、明知すなわちリクパの境地の本体は、法身であり、空性である。この本体は統一状態にあって、この本質的な土台においては、すべての現象はひとつである。「法」というのはすべての存在を、「身」（仏身）は次元を、それぞれ意味する。

明知には、一切のカルマの痕跡（薫習）が存在しない。だから、その本体は空だ、というのである。カルマはつねに心のレベルに属している。これに対して、明知は、心の限られた活動を超えている。

明知ないし原初の知恵は、心を超えている。明知は、ちょうど透明な鏡のようなものだ。鏡は、すべてを映し出すことができる無限の能力、潜在エネルギーを内蔵している。その潜在エネルギーは、映し出される個々の映像を超えている。副次的条件（縁）がある時、はじめて、具体的な映像が映し出されるのである。

その自性は、報身であり、光明である。サンスクリット語のサンボーガ（sambhoga, Tib. longs-spyod rdzogs-pa）というのは、悟りのすぐれた特性をすべて楽しんでいるということ、富を得ているという意味である。カーヤ（仏身 kāya, Tib. sku）というのは、その次元という意味だ。

光明というのは、空なる原初の土台から、たえずエネルギーが現出する、ということを意味している。自分の心をしばらく観察していると、さまざまな思考が湧き起こってくる。そういった思考は、どこから生じ、どこに消えていくのか？　存在しているときには、どこに存在しているのか？　長い間かけて調べても、「これだ」といえるような具体的な答えは出ない。すなわち、空である。

しかし、思考はたえずあらわれてくる。思考がすべて消えてなくなるわけではない。すぐに次の思考が湧き起こってくる。「思考はどこから生まれてくるのか調べようとしたが、見つけられなかった」と考えたとしたら、それもまた別の新しい思考だということになる。あるいは「もう一回調べてみよう」と思うかも知れない。それもまた、別の思考だ。このように、真の本質は空であるけれども、思考はたえず現出し続けている。すなわち光明があらわれているのである。

このような、わたしたちの存在の本質に内蔵されている光明の潜在エネルギーこそ、報身である。「報身」というと、金剛薩埵や五禅定仏のことを思い浮かべるのがふつうだろう。一般には、ブッダのすぐれた特性の表現が報身だと考えられている。だが、報身はわたしたち自身の中にもあるのである。そのことを理解することが、たいへん重要である。自分の状態を観察していると、とだえることなく、光明があらわれる。まさに、その光明の本質は報身である。

このエネルギーの現出は、まだ物質的なものではない。しかし、すでに分光し、異なった特性を持つ五つの原初の光ないし知恵として表現されてくる。この報身の次元は、限定された知性の作り出す概念の構築物を、完全に超えている。

こんなふうに考えようと特別に意図しているわけではないのに、たえず光明はあらわれ続ける。光明は、既成観念を超えている。潜在状態にあるエネルギーが、副次的な状況（縁）に応じて、現出してくるのである。

潜在エネルギーのあらわれ方には、ダン（mdangs）、ロルパ（rol pa）、ツェル（rtsal）という三つの側面がある。ダンというのはエネルギーの真の本質であり、ロルパは鏡に映し出された像のようなものであり、ツェルは、主体―客体の関係の中であらわれてくる。これらの言葉を翻訳するのは困難だ。しかし、その意味を理解することはできるだろう。

ダンは、水晶球にたとえることができる。水晶球そのものは、透明で清らかで汚れがない。それが水晶球の本来の性質だ。だが、水晶球がどんなふうに見えるかは、環境（縁）によって変わる。たとえば、赤いテーブルのうえに置けば、赤く見える。別の色の上に置けば、別の色に見える。水晶球そのものは、まったく変わらない。水晶球は、すべての色を超えている。ただ、それがどう見えるかは、まわりの環境（縁）によって、自然に変化するのである。しかも、水晶球そのものは、色を変えようと思っているわけではない。

法身も同じだ。法身には、色も形もない。ただ、縁に応じて、そのエネルギーの現出のしかたは変わる。どのように見えるかは、法身ではなく、それを見る見方によって変わる。そういうエネルギーの顕現のありようをダンと呼ぶのである。

本当に明知の境地にあるときには、法身を体験する。一時間、三〇分、一五分、あるいは数分でもいい。明知の境地に入っているときには、主体―客体の分離や二元論的顕現によって支配されることがない。まさにサーマンタバドラと同じ境地にある。そのときのエネルギーの顕現のありようが、ダンである。

ロルパというのは、みずからの内部に顕現するエネルギーのありようだ。密教の修行をすれば、ロルパとは何か、容易に理解することができる。

密教の修行をする場合、どこかに静かにすわり、それから本尊に変容する。空なる次元から、原質の精髄が出現し、マンダラ、本尊、さらには、宇宙の全体が、清らかな顕現としてあらわれてくる。だが、宇宙といっても、実際には、外部に変化が生じているわけではない。変容はみずからの内部で起こっているのであって、そういった変容をつうじて、ついには悟りをえるのである。

密教の修行を完成すれば、不浄な顕現はすべて変容し、清らかな顕現に統合される。一切は、その象徴に統合され、二元論的な顕現は消え去ってしまう。「いまは清浄な顕現の中にあるけれども、不浄な顕現も残っている」と考えることもなくなる。

こうして、すべてが、完全に、マンダラと清浄な顕現の象徴の中に統合された境地を、マハームドラー（大いなる象徴）と呼ぶ。マハームドラーの境地にあるときには、同時に、明知の中にある。このようなエネルギーのありようが、ロルパだ。

ロルパのエネルギーは、鏡にたとえることができる。どんなに小さな鏡であっても、大きな山や、さまざまな色や形を映し出すことができる。けれども、だからといって、山や宇宙そのものを、小さな鏡の中に押しこめることができるわけではない。ロルパも同じだ。ロルパは、鏡の内部に顕現したものだ。

ツェルというのは、ふつうの生きものにあらわれてくるエネルギーの顕現のありよう、それから、清浄な顕現がより二元論的なあり方であらわれてくる場合の両方を指す。

後者について、さきに説明しよう。たとえば、すぐれた密教の修行者がいて、来る日も来る日も、熱心に、マンダラや本尊の観想の修行をしたとしよう。そうやって、しだいに修行が熟してくると、実際に、本尊やマンダラのヴィジョンを体験することがある。ただ心の中で本尊のことをイメージしたり、思ったりするだけではなく、目の前に、突然光に包まれた本尊――たとえばサーマンタバドラ――が出現するのである。

それは、清浄な顕現である。ただ、その出現の仕方は、二元論的だといえる。不浄な顕現が清浄な顕現の中に完全に統合され、融合してしまったのではなく、不浄な顕現の中に、清浄な顕現があらわれているからだ。こういうエネルギーの現出のありようも、ツェルと呼ぶ。

もう一つは、ふつうの生きものにあらわれてくるカルマの顕現である。有情は、それぞれに異なる顕現の中に生きている。たとえば、人間と犬では、関心もちがうし、緊張や心のありようもちがっている。その結果、ことなる顕現の中を生きているのである。そういうふつうの生きものにあらわれてくるエネルギーの顕現のありようも、ツェルである。

すべての現象はツェルのエネルギーの現出であって、何か具体的なものが実在しているわけではない、とゾクチェンの教えでは説く。

たとえば、六道の生きものが、川のほとりで一堂に会したとしよう。川をどう見るかは、それぞれちがっている。人間は、飲んだり、洗ったり、使うことのできる水だとみなすだろう。魚であれば、自分の住処だと思うだろう。餓鬼は、水を見ることができない。水を見ることができるような原因がないから、悪しきカルマの結果として、餓鬼はいつでも、のどの渇きに苦しんでいるのである。もし水を見ることができれば、もはや餓鬼は餓鬼ではなくなる。

こんなたとえ話がある。あるとき、阿羅漢が、餓鬼を見て憐れに思った。「この餓鬼たちは、のどの渇きに苦しんでいる。水が必要だ」と考え、水をやったのである。ところが、餓鬼たちが飲もうとしたら、水はすぐに火になってしまった。それは、餓鬼には、水を飲むことのできる原因がないからだ。

どんな生きものであっても、原初の潜在エネルギーを、五つの原質の精髄として、もともと持っている。それが、カルマの力と結びつくことによって、物質レベルにおける五つの元素があらわれてくる。さらに、それぞれのカルマに応じて、人間には人間の顕現が、ほかの生きものにはその生きものの顕現が、あらわれてくる。これが、ツェルのエネルギーだ。

ツェルについて説明するために、水晶の石をたとえに使う。水晶を太陽光線の中に置くと、虹色の光が出てくる。その光はどこから出てくるかといえば、水晶から出ている。太陽光線は副次的な原因（縁）ではあるかも知れない。だが、主要な原因（因）ではない。虹の光は水晶から出ているからだ。

水晶から放たれる虹色の光は、わたしたちがもともと持っている原初の潜在エネルギー、五大元素の精髄を象徴している。それが悪しきカルマの力と結びつくことによって、カルマの顕現、ふつうの生きものの顕現が生まれる。このように、わたしたちがどのような顕現を生きるかは、潜在エネルギーの力と深く結びついている。

これが、潜在エネルギーの三つのあらわれ方である。その時の状況に応じて、とだえることなく、潜在エネルギーは顕現している。そのような自分のありようを自覚していることが、変化身である。

ブッダだけが変化身を持つのではなく、わたしたち自身も変化身を持っているのである。

実際に明知の境地にあるときには、すべては飾りだということができる。拒絶したり、変えたりする必要はない。現出するエネルギーによって支配されたり、二元論に陥ることがなければ、それこそが変化身の境地である。だからこそ、変化身は、執着や煩悩をすべて超えているのである。サーマンタバドラの密意の第三の側面は、慈悲のエネルギーだ。それは、変化身である。慈悲のエネルギーは、妨げられたり途絶えることがない。サンスクリット語のニルマーナ（nirmana, Tib. sprul-pa）というのは、化身あるいは変化という意味であり、カーヤ（kāya, Tib. sku）というのはその次元を意味している。

「変化」というのは、相対的なレベル、すなわち物質的な次元において、有情に接するという意味だ。変化身は、時間と歴史の中に、姿をあらわす。シャキャムニ・ブッダは、まさにそのような変化身であった。変化身はカルマや煩悩に支配されることがない。

このように、明知の境地にあるときには、三身は、本体、自性、慈悲のエネルギーとして、明知に原初からそなわっている自然状態で完成された特性として、円満に存在している。

一一　このような認識は、まさに生じた瞬間、
主体と客体の二元的分別から完全に離れているから、
無執着の顕現が、外部に光明の輝きとして生じ、
顕現は、法性たる本来の境地にとどまっている。

ここでの主題は、刹那の認識と明知である。

明知は、心が主体・客体という二元論にしたがって働き始める前の、最初の新鮮な瞬間にたちあらわれる。この場合、顕現はすべて、光明のあらわれとして生じる。

認識は、すべて感覚をつうじて生じる。五感と意識からなる六識をつうじて生じるのである。感覚と対象が接触すると、その知覚認識とむすびついた情報が意識に伝達される。そのあとに、意識の過程が続き、さまざまな概念や判断が生み出されるのである。

たとえば、目を開けた瞬間、何かを見ても、最初の刹那の認識を保ち、あるいは、少なくとも、気を散らさず、対象によって支配されなければ、対象との接触があっても問題は生じない。

これは、実際に修行を行なうときに、とても大切なポイントだ。

たとえば、シネー（止）の静寂な瞑想は、よく知られているし、三昧の境地に入っていくためにもっとも大切な修行だと考えられている。だが、シネーと三昧は同じではない。

シネーが大切だと考えられているのはなぜだろうか？　最初の理由は、ふつうわたしたちは、ひどくイライラし、興奮してしまっているからである。対象と接触するとともに、二元論的顕現の中に陥り、気が散ってしまう。刹那の認識と覚醒を失い、二元論的顕現の中に入りこんでしまう。だからこそ、まず、何はともあれ、静寂な心の状態にはいる必要があるのである。

この場合、「興奮しないで、静寂な境地にはいりなさい」と言われただけでは、どうしようもないだろう。興奮したいと思っている人はどこにもいない。だが、静寂な状態にはいりたいと思っただけで、それを実現することはできない。そこで、顕教であれ、密教であれ、意識を一点に集中するシネー（止）の瞑想を行なうのである。

意識集中の対象はさまざまだ。仏像を使うこともある。サキャ派では、青い花に意識を集中する。カギュ派やニンマ派では、さまざまな元素や色を用いる。あるいは、石や木を対象にすることもある。一番大切なのは、意識集中を行なうことであって、何を対象にするかではない。本質的な観点からすれば、何を対象にしてもかまわない。

とはいっても、対象によって影響を受けることはありうる。イライラしているときに、目の前にひどく醜悪な像を置いて意識を集中しても、楽しくないだろう。笑う気も起こらないだろう。だから、意識集中を行なうときには、ブッダや文殊菩薩の像を使ったり、とくにゾクチェンの場合、白いア字を使うのである。

ゾクチェンの修行をするときには、グルヨーガであれ、睡眠の修行であれ、意識集中の対象として、ア字を使うことが多い。そうやって、慣れていくのである。何か物を対象にするときは、あまり光るものはやめた方がいい。目を痛める恐れがあるからだ。

対象は何であれ、それを見つめ、全注意を集める。この時大切なのは、最初は、しっかり、鋭く意識を集中することだ。そうすれば、他の想念は浮かんでこなくなる。意識は集中する対象によって占領され、思考は生じる余地がなくなるのである。

このポイントをはずすと、シネーの修行を達成することはむずかしい。ぼんやりと対象を見つめ、注意集中しても、思考が湧き起こってくるばかりだ。ふつうの場合、思考が生じてくると、それに邪魔されず静寂な心の境地の中において体験することは困難だ。だから、最初は、鋭く意識を集中するのである。

たとえば、ゾクチェンのセムデ（心の本性の部）では、三角形のように意識を集中すると説明する。一つの頂点は、集中の対象だ。他の二つの頂点は、自分だ。自分という底辺は広大な広がりを持っている。そこには、さまざまな感覚や思考、混乱、煩悩、緊張がある。それらをすべて、三角形の通路をつうじて、集中の対象に向けるのである。そうやって鋭く意識を集中することによって、思考の生じる余地はなくなる。

ただし、あまり長時間、意識集中してはならない。やりすぎの影響が出てきたら、すぐに気づく必要がある。たとえば、白いア字が誰かの顔になったり、ブッダの姿になったりする。あるいは、火の元素がとくに強い人の場合、燃え上がる炎があらわれてくることもある。身体の構成要素の状態が悪かったり、とてもイライラしている場合には、ひどく醜く、恐ろしいものが見えてくることもある。それはすべて副次的条件（縁）による。いずれも、あまり長時間、意識集中したため生じてくる現象だ。

シネーの修行をしていて、ひどいものが見えてくると、びっくりしてしまう人がいる。逆に、ブッダの姿が見えると、「おお、悟った！」と思う人もいる。どちらも正しくない。いずれも、長い間意識集中した結果にすぎないのである。

まだシネーの悟りを得ていない場合には、たとえば数時間、すわってみればいい。そのとき、大切なのは、自分の状態や能力を調べることだ。ただ集中し続ければいいというわけではない。五分でも一分でもいい、鋭く意識を集中し、それからゆっくり、少しずつ集中をゆるめていくのである。リラックスしていくにつれ、思考が湧き起こってくる。そのとき、思考とはどんなものか、どれだけの力を持っているか、観察するのである。ふつうの場合、思考が生じてくると、それによって気が散ってしまう。そうやって、わたしたちは日常生活を送っている。だが、いまは修行しているのだから、思考の状態や、それがどれくらいの力を持っているか観察する。思考が生じてきても、それにひきずられないようにし、ただ観察し、瞑想の状態にとどまる。そうすれば、どんどん深くリラックスして、ついには、何も問題がなくなる。雑念がいくらたくさん生じてきても、それによって影響されずに、静寂な境地を完全に保つことができるようになる。そうなれば、もう意識を何かの対象に集中する必要はなくなる。

何年も三昧の修行をしているうちに、もうとくにするべきことはない、と思うようになることがある。それとともに、修行にもあまり熱心でなくなる。気がゆるんで、日常生活で気が散っているにすぎないのに、それを三昧と思い違いするようになることすらある。そういう場合は、あらためて修行に新鮮な生命を吹きこむ必要がある。その時、大切なのは、意識集中の修行をすることだ。何時間かア字に集中する。ときどき、「ア」と唱えながら、意識を集中するのである。「アー」と唱えるのは、ゾクチェンの独特の方法だ。声を出すことによって、感覚の機能が刺激され、息を吹きかえす。

これが一般的なシネーのやり方である。

対象に意識を集中する必要がなくなったら、対象なしで修行する。とくに対象を定めることなく、空間を見つめる。それ以外は、対象があるシネーと同じだ。そうやってリラックスし、静寂な境地に入っていくのである。

ところで、このシネーと三昧とは、同じものとはいえない。それは、感覚のはたらきにかかわっている。一般に、感覚と対象の接触は、二元論的な顕現に陥る原因になりうる。もちろん、根本は何か理解し、だんだん慣れていけば、感覚対象との接触があっても、問題ではなくなる。また、目を開けて、空間を凝視する対象なしのシネーの場合、感覚は開いて活動している。

だが、ふつうのシネーの場合、静寂な境地に入ったら、それを失わないように、その限界の中で意識集中を続ける。だから、たとえば音を耳にすると、静寂な境地を失うのではないか、と恐れることになる。

これに対して、ゾクチェンにおける三昧の場合、感覚対象との接触があっても、二元論的顕現の中に落ちこむことはない。「問題なのは顕現ではない。顕現への執着だ」というのは、そういう意味だ。

すべての顕現は、飾りのようなものだ。飾りというのは、何かを美しくするためのものであって、問題を引き起こすためのものではない。三昧においては、音であれなんであれ、第六識である意識とその対象となるすべての現象も含め、どんな顕現が生じても、二元論的な見方の中に陥ることがない。

そのことを理解するためには、心と心の本性をしっかり区別する必要がある。心の本性ないし明知は、時間を超えているし、心と結びついている相対的な現象をすべて超えている。だから、どんな思考が生じても、感覚対象との接触が生じても、それによって、二元論の中に陥ることがないのである。

三昧とは、たんなる空性の境地にとどまることではない。感覚対象との接触を拒絶する必要はない。二元論を超えた三昧の境地の中にあって、そこにありとあらゆる顕現がとだえることなく生じてくる。そのとき、すべての顕現は、その本来のありようである法性に統合されているのである。

これは、ゾクチェンと顕教や密教を区別する上で、とても大切なポイントである。

いにしえのすぐれたゾクチェンの導師、ヌプチェン・サンギェ・イェシェは、ゾクチェンと顕教、密教の違いについて、『禅定の灯明の目』(bsam-gtan mig-sgron)という本を著している。そのなかで、このことを説明するのに、とても重要なたとえをあげている。

鳥に餌をやると、地面に落ちた餌を探して、一つひとつ突っつく。そのとき、鳥は地面を見ているようにみえる。だが、実際にはそうではない。餌に集中しているのである。

針に糸を通すときもそうだ。針の穴をよく見るために、針を持ち上げ、そちらを見る。他人からは、空間を凝視し、それから糸を通しているように見える。だが、実際には空間を見ているのではない。針の穴に集中しているのである。

ふつうのシネーも、それと同じだ。シネーの修行をして、静寂な境地や空性を体験しているときには、それに集中している。感覚機能のはたらきや対象との接触から生じる情報を、三昧の境地に統合しているわけではないのである。

これに対して、ゾクチェンにおいて、たとえば、空間を凝視する修行を行なうときには、目を開ける。他の感覚も同じである。視覚は五感の最初にあげられるものだが、それだけではなく、ほかの感覚もすべて開いてはたらいている。対象との接触によって瞑想の状態がこわれるのではないかと、恐れたりもしない。すべては飾りのようなものだと知っており、二元論的な見方の中に陥ることがないからである。

密教の場合、本尊に変容する修行を行なう。光明の体験をつうじて、三昧に入っていくのである。最初は、本尊とそのマンダラを、観想によって生み出していく。それが生起次第だ。

それから、本尊のマンダラと一体になる。それが究竟次第だ。

最後に完全に一体になると、三昧の境地に入ることができる。それまでは、心をはたらかせている。だから、この修行を行なう場合には、目を閉じて、本尊の浄土にいると観想した方がいい。なぜなら、目を開けていたのでは、マンダラや浄土を観想しようとしても、自分のいる部屋や家や周囲の環境が目に入ってしまうからだ。自分の家と浄土は同じに見えないから、ちょっと困ったことになる。密教の修行をする場合、目を閉じることが多いのは、そのためである。

これに対して、ゾクチェンの場合、目は見るために存在しているのだから、開けたままにしておく。三昧の境地にあるときには、すべての感覚は開いて活動している。何かあれば、それを見、感じ、嗅ぐ。そういう感覚のはたらきのすべてが、三昧の境地と一つになっている。

もちろん、ゾクチェンの確固たる土台がなければ、見たり感じたりしても、それだけでは無意味だ。目を開けて、さまざまな情報を受け取りながら、輪廻の中に入ったままの状態が、わたしたちのふつうのありようなのだから。感覚のはたらきを三昧と一つにするために、大切なのは、ものごとの根本をよく理解することだ。

では、その根本とはどういうものか？

意識がまだ判断や概念化を行なう前の段階のことを、執着がないと呼ぶ。一切判断することなく、その認識の中にとどまり、覚醒を保つ。この時、顕現は、存在の真実のありよう、すなわち法性の状態にとどまっている。サンスクリット語のダルマ（dharma, Tib. chos 法）というのは「存在するものすべて」を意味している。ター（tā, Tib. nyid 性）というのは「その本来の状態にある」という意味だ。

生じてくる現象には、すべて、その本来の状態や本性がある。多様な現象が生じてきても、その本来のありようはひとつだ。たとえば、木と水は異なるものとして現象している。それぞれの働きも違う。しかし、その本当の性質、本性は同じである。すなわち、空である。

どんな現象であれ、このような本質的なレベルにあるエネルギーのあらわれを、サンスクリット語ではダルマター（dharmatā 法性）と呼ぶ。生命体のエネルギーを問題にする時には、あるがままの存在の状態（法性）にあるエネルギーを指すために、ツェルという言葉を使う。この法性の意味を理解することによって、自分のエネルギーを法性と融合する道が開かれる。

この頌で言われていることをまとめるならば、心の中に思考が湧き起こっても、それを判断しないということである。だからといって、その時、ぼんやりしていたり、注意を欠いていたりするわけではない。逆にその瞬間を完全に自覚し、生き生きした覚醒が働いている。

そのような生き生きした自覚と、認識をたもつことができれば、感覚を完全に意識しながら、しかも二元論を超えた状態にとどまることができる。

明知の境地にあるときには、近くで誰かが何かしていても、そのことを認識はしても、思考の後を追いかけたり、引きずられたりしない。感覚の働きを止めず、しかも、そこで起こっていることについて、意識は判断しない。このような明知の境地にとどまっているとき、法性すなわち存在の真実の状態にあるといえる。

12　刹那に生じる原初の知恵の本然が、
　母なる法性と出会うのだから、法身である。
　明知の自然状態で完成している本来の境地にとどまることが、
　ゾクチェンの真実の心の境地の自然な本質である。

これもきわめて重要な頌である。

最初の刹那に立ち上がってきた直覚的認識を、本然（自然の境地）と呼ぶ。「本然」というのは、作為されたり、変えられていないという意味だ。それは、わたしたちの真の本質、本来の境地だ。そういう真の本質を、法性と呼ぶ。あらゆる現象を生み出す潜在エネルギーが、ダルマター（ダルマター）すなわち法性である。そして、法性の悟りこそが知恵である。

判断の過程以前の瞬間の認識を自覚することができれば、母なる法性を自覚していることになる。このような瞬間的な認識の自然な境地が、母なる法性に出会うのだから、それもまたじつは法身である。

自分自身の母と出会う、というのはどういう意味だろうか。母なる法性（chos-nyid ma）というのは、あるがままの存在の真実のありようを指している。そこからすべての現象（chos）が生まれる。それはちょうど母から子どもが生まれるのと同じだ。

密教においては、すべてがシュニャータすなわち空性から生じる。空からまず風の元素の精髄が、それから、ほかの元素の精髄が、つぎつぎに生まれる。このように、空性こそが、事物そのものの真実のありようだ。そのことを「もともとのはじまりから清らかである」（ka-dag）と表現する。すべてはこの法性から生じるから、「母」と呼ぶのである。

ふつうの場合、人間は観念や二元論的な世界の見方によって支配され、その枠の中に閉じ込められている。推論や二元論的な判断のなかに入り込んでしまって、空性の意味について本当に理解することができないでいるのである。

ところが、三昧の境地においては、法性なる母なる知恵と正面から出会う。それには、心のはたらきや推論や分別は、まったくかかわっていない。存在そのものの次元、すなわち法身を直接に体験するのである。

二番目の頌で説明したように、法身というのは、両手を重ね合わせ、結跏趺坐を組んで瞑想している仏像のことではない。原初仏サーマンタバドラの姿は、制限された枠の中にある人間の知性が、法身の意味を少しでも理解できるように、それを助けるためのものだ。仏像や絵のなかに描かれている原初仏サーマンタバドラの姿は、象徴にすぎない。本当の意味における法身は、概念を超え、形や色による表現を超えている。それは存在そのもののすべてに遍満している次元だ。

その次元に、潜在エネルギーが現出してくることを「原初の知恵」とよぶ。ゾクチェンやアヌヨーガには、「仏身と原初の知恵」(sku dang ye-shes)という表現がよく出てくる。だが、「仏身」というのは、たんにブッダの身体のことではなく、次元のことを指すのである。それはちょうど空間のようなものだ。法身、報身、変化身の次元がある。そのからっぽの空間に、ありとあらゆるものが顕現してくる。それが「原初の知恵」である。

さて、心とは何であるのか、心の本性とは何であるのか、もう一回思い出してみることにしよう。両者をはっきり区別する必要がある。心に生じてくるさまざまな思考は、鏡に映し出される像のようなものだ。これに対して、心の本性は、映し出す力を持つ鏡そのものだということができる。

心の本性のことを、明知(リクパ)とも呼ぶ。思考が生じてきても、それに引きずられたり、判断したり、概念化したりしないで、自覚と認識をたもっている。明知とは、そういう境地のことだ。

明知には、もともとのはじまりから、すべてのすぐれた特性が、自然状態において、あるがままで完成している。そのことを、チベット語では、lhun-grub と呼ぶ。自分には今何かが欠けていて、それをあたらしく獲得するというわけではないのである。

すでに述べたように、ゾクチェンでは、わたしたちの本質は、「もともとのはじまりから清らかである」(ka-dag)とともに「自然状態で完成している」(lhun-grub)と説く。「もともとのはじまりから清らかである」とは、もともと最初から純粋で清らかなものだという意味だ。「自然状態で完成している」というのは、それにもともとそなわっている特性であり、はたらきであり、顕現だ。わたしたちはみな、無限の潜在エネルギーを持っている。からっぽの空間に何かが現出してくる。それが「自然状態で完成している」という言葉の意味だ。そのことをまず理解し、さらにその見解を確立する必要がある。

では、「自然状態で完成している」ことの意味を理解するにはどうしたらいいだろうか？判断以前の直覚的認識や思考は、その例である。どこか静かな所に行って、一五分、あるいは数分でもいい、自分を観察してみる。すると、何百もの思考が湧き起こってくる。思考が湧き起こってこなくて困るということはない。どんなふうに湧き起こってくるのか、判断の過程にはいる以前はどうか、観察する。すると、明知のありようがわかる。

純粋叡智たる明知の境地にある時には、そこに本来そなわっているすばらしい特性が、自然に発現してくる。それが「自然状態で完成している」の意味である。そのことを、「自然状態で完成している明知の原初の自然にして真実なる境地」、あるいは、「ゾクチェンの真実の心の境地本然」という言葉は表現している。

「大いなる完成」、ゾクチェンとは、経典や、伝統や、宗派や、哲学体系を指す言葉ではない。ゾクチェンというのは、もともとのはじまりから純粋で、清らかで、同時に自然状態で完成している原初の境地である。この境地の中にあることを、ゾクチェン、大いなる完成と呼ぶのである。この境地を自覚している時、それが明知であり、それを自覚していない時、無明にある。

ii 修行の確立

13 修行を確立するにあたっては、融合、放松、進歩という
三つの秘訣によって道を進む。
（最初の）融合のための方法は、快適な座にゆったりすわり、
リラックスして、前方の空間に心を向け、一体になることだ。

二番目の主題は、「修行の確立」（brtan-pa）である。心の本質への導き入れを受けるまでは、明知について理解していないのがふつうだ。導き入れによって、心の本質について理解したら、その次は、この覚醒の境地から離れないように、修行する必要がある。覚醒の境地にとどまっていることを三昧と呼ぶ。顕教と密教には、三昧のための方法がたくさんある。だが、ここでは次のような三つの秘訣について考察する。

(1)融合（bsre-ba）
(2)放松（lhug-pa）——覚醒を保ちつつリラックスすること——
(3)修行の進歩（bogs dyungs）

この三つの秘訣は、日常生活において、どうやったら覚醒を保つことができるかにかかわっている。この秘訣のうち、融合および放松は、修行の確立の中にふくまれる。三番目の秘訣は、修行の理解、確立、進歩のうち三番目の主題、すなわち進歩にかかわっている。

(1)融合

最初は、融合、すなわち覚醒を保ちつづけるための方法だ。感覚のはたらきをはじめ、存在のすべてを、刹那の認識と融合し、一つにするのである。

快適な姿勢をとる。そしてからだも心も、ゆったりリラックスする（khong glod）。ゾクチェンであれ、密教であれ、修行する時にはリラックスする必要がある。リラックスできなければ、完全なブッダの境地を悟るのではなく、混乱や興奮を悟ることになる。たとえば、ヴァジラパーニ（金剛手）やグル・ダクポ（忿怒のグル）といった忿怒相の本尊の修行をする時も、一生懸命になりすぎて、緊張してしまうのではなく、リラックスする必要がある。完全にリラックスしたうえで、本尊の観想に集中するのである。

そのためにも、気持ちよく、静かな場所を選ぶ。慣れてくれば、うるさい場所でもできるようになる。だが、最初のうちは、まだ融合のための充分な能力がないだろうし、誰かに邪魔されたり中断されるのを避けるためにも、静かな場所でやったほうがいい。

それから、認識を、自分の目の前の透明な開かれた空の空間と一体にする。この修行はナムカーアルテー（nam-khar ar-gtad）と呼ばれる。

ある特定の点に視線を集中するのであれば、それは「意識集中」である。これに対して、アルテーすなわち融合というのは、そういう意識集中とはちがって、空間のどこか一点に意識を集中するのではない。大空を見つめながら、目の感覚は、からっぽの空間に溶けてしまう。

自分はここにいて、空を見ているというのではなく、何もない空間と自分自身が一つになってしまうのである。自分の存在は何もない空間そのものだと感じる。大空の無限の次元と一体になるのである。

ただ空を見ているだけであれば、空を「ながめている」ことになる。これに対して、アルテーという言葉は、エネルギーの再融合の過程を指している。心のなすべきことは何もない。にもかかわらず、空を見つめている一瞬一瞬、赤裸々に覚醒した認識が、そこにあらわれている。

14 気を散らすこともなく、何かを対象にして瞑想するのでもないような境地にとどまる。
認識は、まるで大空のように、愛着や執着から離れている。
本来の境地は、光明であり、明知であり、驚愕の瞬間のごとく静寂と運動の区別をこえている。
不二なる明知が、赤裸々に生じる。

このようにして、気が散ることもなく、また意識によって作った瞑想をすることもなく、生き生きと覚醒しながらリラックスした状態の中に、ゆったりと落ち着いている（lhug-par bzhag-pa）。その時あらわれてくる、青空のような新鮮な認識こそ、概念や判断や執着を離れている本来の心の境地である。

何かを対象として意識を集中する瞑想は、心のはたらきにかかわっているから、三昧とは呼べない。三昧は心をこえているものだ。

空間と一体になるナムカーアルテーの場合、心は何もすることがない。観想もせず、マントラも唱えたりしない。何かについて考えたりもしない。ただ赤裸々な認識が、とだえることなく、あらわれてきているだけだ。その純粋な認識は、青空のようだ。その中には、意識の作りものや、執着に関係したものは何一つない。音であれ、匂いであれ、感覚のはたらきをそのまま認識し、それと一体になっている。二元論に陥ることなく、ただ、光明がそのままあらわれている。そういう状態にとどまり続けるのである。

それは、驚愕の瞬間（hadde-ba）に似ている。たとえば、近くで大きく鋭い音を聞くと、すべての思考の過程が一瞬止まる。それから、裸の状態の明知が生じてくる。何の努力もない。その覚醒した心の状態においては、思考のない静寂と、思考の運動の区別がない。

チベット語のシネー（zhi-gnas）、サンスクリット語のシャマータ（śamātha）は、分別が存在しない静寂な心の状態（「止」）を指している。けれども、シネーは、三昧そのものとはいえないのである。シネーは静寂な境地の「体験」にすぎない。逆に、思考が生じてきたら、それは思考の運動の体験である。

明知、すなわち純粋な覚醒の境地というのは、静寂でも運動でもない。そのいずれの体験も超え、しかもその中で持続している純粋な叡智である。

これは、ゾクチェンに固有の見解である。たとえば、顕教でシネーの修行を行なう場合、しだいに思考の湧き起こってこない空の時間を長くしていくことができるようになる。長時間、空性にとどまることができるようになるのである。それは修行が進んでいるしるしだと考えられている。逆に、思考がたえず湧き起こるなら、たとえそれによって気が散ってしまうことがなくても、よくないと考える。

ところが、ゾクチェンでは、思考が生じようが、生じまいが、同じだと考える。なぜなら、わたしたちの存在は空性と運動の両方の側面を持っていて、思考の有無は、その両面の表現にほかならないからである。本当は二つを切り離すことはできない。本質は同じである。空であれ、運動であれ、その本質はわたしたちの存在本来のありよう、自然の境地である。ナムカーアルテーの修行を行なうことによって、そのことをはっきり理解できるようになる。

判断以前の直覚的認識が生じてくるありようを観察する。すると、明知があらわれてくる。それを発見したら、三昧の境地だといえる。空性の中に刹那の認識を見出し、また光明の中に刹那の認識を見出す。

15 禅定においては、朦朧とした状態（昏沈）や興奮（放逸）におちいることなく、
澄明にして明晰、深遠な本来の境地にとどまる。
この本来の境地にあって、思考を呼び出し、投げ捨て、反復し、増幅させても、
不動の（境地の）まま、みずからの土台にとどまることによって、自然に解脱する。

昼も夜も大いなる三昧の中に入ったままでいられるようになったら、修行をしている時間と、それ以外の時間の間の区別はなくなる。しかし、それまでは、すわって瞑想する修行が終わると、

「充分に修行したから、お茶を飲もう」ということになる。つまり、両者の間に区別がある。

禅定（mnyam-bzhag）というのは、そのうち、すわって瞑想している時間のことを指す。すわって三昧の修行をする。あるいは、心地よい場所にすわってナムカーアルテーを行なう。その間の時間のことを禅定と呼ぶのである。

しかし、本当の意味での禅定というのは、一切の限界を超えた三昧の境地に入っているという意味だ。朦朧とした状態（昏沈 bying-ba）にも、興奮（放逸 rgod-pa）にも陥ることなく、深く明晰にして透明な本来の境地にとどまりつづけるのである。

シネーの修行には、いろいろな種類があるけれども、その途中で朦朧とした状態や興奮に陥るといった過失が生じてくることがある。顕教の瞑想をする時は、そういう過ちや欠陥に対処するための方法を教える。ところが、明知は、そういう欠陥を超えている。

明知には、最初から過ちや欠陥が一切存在しない。だから、ひたすらその境地にとどまっていさえすればいいのである。明知の境地には、朦朧とした状態や興奮は存在しない。したがって、欠陥に対処する方法をとることも、問題にならない。これは、ゾクチェンの秘訣の部の中で教える大切なポイントである。

どんな状況や体験の中でも、この三昧の境地にとどまりつづける。しだいに慣れていくとともに、刹那の認識を保ちつづけられるようになる。何かをよく見たり、聞いたり、思考を呼び出したり、抑えたり、反復させたり、増幅させたりしても、二元論に陥ることがない。本来の心の境地にとどまったままだ。

思考が生じても、それによって気が散ってしまったり、三昧から動くことがない。思考が生じても、覚醒の境地が動いたり変化することはなくなる。思考は自己解脱する。そうやって、三昧は確固たるものになっていく。

16 禅定の後（後得）も、
認識が、外部の状況（縁）によって支配されず、確立されている程度によって、
太陽や月が昇るがごとき光明や顕現や呼吸などといった
修習の体験が、求めることなく、生まれる。

三昧の境地にとどまり続けている時間のことを、禅定（mnyam-bzhag）と呼ぶ。これに対して、三昧の境地に達し、そこから出てきた後の時間を後得（rjes-thob）と呼ぶ。

禅定から立った時、修行がどれくらい確立されているかは、自分を狭く縛る二次的原因（縁）となる思考の力に支配されるか否かによって、知ることができる。

大いなる三昧の境地に、ずっと入ったままでいられるようになるまでは、三昧の後に、必ず、三昧でない時間が続くことになる。しかし、禅定の後、かならず、分別によって明知が、支配されてしまうとは限らない。さまざまな環境（縁）の中で、さまざまな煩悩が生じてきても、二元論的な見方に陥ることなく、認識を保ち、観察できるようになる。

たとえば、すわっていて「水を飲みたい」と思ったとしよう。ふつうは、そのまま気が散ってし

まい、その二次的な原因（縁）によって、自覚的認識はおおわれ、支配されてしまう。だが、水が飲みたいと思った瞬間、すぐに散失するのではなく、覚醒と認識を保ちつづけることができるようになるのである。それは、修行がどれくらいしっかり確立されているかを示す指標になる。三昧が確固たるものになるまで、修行を続ける必要がある。

また、瞑想修行をすると、いろいろな種類の瞑想体験が生じてくる。ヴィジョンを見たり、音を聞いたり、特殊な感覚を味わったりするのである。修行しても、何も体験が生じないということはありえない。もしかりにそんなことがあったら、修行がうまくいっていないということだ。

そういう体験は、自然に生まれてくるもので、こうしよう、ああしようといった観念によって生まれてくるものではない。具体的にどんな体験をするかは、その時の状態に深くかかわっている。光を見たり、色やオーラを見るといったヴィジョン体験、あるいは、身体が軽くなったり、呼吸が止まったりなどといった感覚体験が生じてくる。こういう体験は、単に、自分の心身を構成する原質のエネルギーの現出にすぎないから、こわがる必要はまったくない。リラックスしたおかげでエネルギーが解放される。その結果、さまざまなヴィジョンや感覚体験が生まれてくるのである。

瞑想体験は、光のヴィジョンや感覚に限られない。何か苦しみや問題があって困っているとき、自分を観察する。そのとき、いつものように混乱したり、興奮したりせずに、平静なままであれば、それもまた立派な体験である。一般に、修習によって生じる体験は、大きく二つに分けられる。一つは、「知覚の体験」（shes nyams）であり、もう一つは、「顕現の体験」（snang nyams）である。前者は、無分別、光明、楽の体験であり、心身の構成要素が解放され、リラックスしているしるしである。後者は、トゥゲルをはじめとする修行によってもたらされる。いずれにせよ、火のないところに煙は立たない。逆に、煙があれば、火があるということだ。瞑想体験が生まれてきているなら、それは修行のしるしだ。その意味で、瞑想体験を得ることは大切である。

17 禅定の後の体験は、一切の顕現を幻として見、
何が顕現しても、空であることを知る境地にとどまっている。
明知の境地にあって、分別はないと感じ、
行為においてあやまちをおかすことがないという体験が生じる。

このような体験は、三昧の中だけではなく、すわっての修行が終わった後にも生じてくる。修行が進むとともに、すべては実体ではなく、夢や幻のように感じるようになるのである。ただ頭でそう考えるのではなく、感じるようになる。これは体験が深まり、執着が小さくなってきていることを示している。

空性を体験することもある。すべての現象は、実在するように見えるけれども、空であると直接に体験する。真の空性を体験するのである。この体験は、哲学の書物の中で、空性について読んだり、複雑な知的分析を徹底することによって空性の理解に達したりするのとは、まったく違っている。

空性に対する恐怖が大きくなることもある。また、無分別の境地にありながら、明知を保ったままでいることができるようになる。無分別というのは、まったく思考がない状態、あるいは思考が生じても、それに対して判断しない状態を指す。あるいは、行為を実践するとき、一切あやまちをおかすことがなく、特別な修行は何もする必要がないレベルに達したと感じることもある。一切の誤謬の原因は、散失であり、それがなくなるからである。こういった体験はすべて修行から生じる体験にすぎないから、悪いものでもなければ、抑えるべきものでもない。

18　仏身は、外部の世界も、分析的思考や心や分別も空であるとみるから、
心の本性たる至高の法身を達成する。
原初の知恵は、表象による分別に一切汚染されることがないから、
一切無分別の原初の知恵を達成する。

太陽光線の状態を観察したいと思ったら、まず、太陽を覆い隠している雲を取り除く必要がある。そうすれば、太陽は目に見えるようになり、もともと自然状態で完成しているすぐれた特性(lhun-grub)が、あるがままに現われてくる。これこそが「達成」という言葉の意味だ。それまで持っていなかったものを新しく得たり、何かを意図的に作ったり生み出すわけではないのである。
明知の境地に入っている修行者は、空性についてただ知的に理解するのではなく、実際に、空なる次元に入っていく。心の本性たる法身を悟るというのは、そのことを指している。カーヤ

(kāya)というサンスクリット語は、ふつう「仏身」と翻訳されるけれども、みずからの次元の全体という意味である。ダルマカーヤすなわち法身は、すべての存在の次元を意味する。

どんな思考が生じてきても、その本質は空であると悟る。思考し、判断している心も、その本質は法身であると悟る。そのように悟ることによって、法身を得るのである。法身に具有の原初の知恵は、ありとあらゆる概念を超えている。だから、無分別の知恵をも得る。

法身を悟れば、分別が生じても、それが何か実体のあるものだと考えて、振り回されることはなくなる。空の境地にとどまったままだ。分別や概念によって、影響されることがなくなるから、無分別の原初の知恵を得る。それによって、障害や汚れは少なくなっていく。

19　薫習の障害は完全に浄化されるから、
煩悩は、直接生じることはなく、背後に眠りこみ、支配される。
それ故、普通の人間でありながら、輪廻の世界を
完全に超えているから、聖者の一族であると知られる。

この頌では、三昧によって、薫習の障害も浄化されることを述べている。

ふつう、浄化のためには、金剛薩埵をはじめとする本尊を観想し、マントラを唱える。これも、きわめて強力な浄化の方法である。三昧に入るだけの力がなければ、金剛薩埵を観想し、マントラを唱える修行には、とても重要な意味がある。しかし、さらに強力なのは、三昧に入ることである。

もし数分、あるいは数秒だけでも三昧に入ることができれば、一日か二日浄化のマントラを唱えるよりも、効果は大きい。なぜなら、マントラを唱えただけでは、完全な悟りにいたることはできないからだ。それに対して、明知の境地に入ることができれば、直接悟りを得ることができる。明知の境地は、悟りの境地であり、すべてを浄化する力を持っている。

また、三昧に入っているときには、煩悩も、普段のようにあらわれることはなくなる。煩悩がなくなるわけではない。しかし、煩悩そのものとして、あらわれることがなくなるのである。

かくして、薫習による障害は完全に浄化され、煩悩によって、邪魔されたり支配されることはなくなる。煩悩は背後に眠りこみ、おさまる。まだ慣らされていないままで飛び跳ねる野生の馬のように、支配できないものではなくなる。

三昧に入ることができるようになったからといって、人間でなくなるわけではない。ふつうの人間として、肉と血でできた体を持ち、人間の世界の中に生きている。外出して友達と会えば、友達は、同じ普通の人間としてみるだろう。けれども、明知の境地にとどまることができるなら、心中に何が生じても、それによって支配されることはなくなる。だから、輪廻を克服したということができる。

本物のゾクチェンの修行者は、ゾクチェンの境地に入ったままだから、周囲の具体的な物質世界にかかわっていても、それによって支配されたり、影響されたりすることがない。自分のまわりに何があっても、かたい実体をもった現実だと考えて、苦しむことがない。そういう知恵を得ている。だから、輪廻とカルマの顕現を克服しているということができる。アーリヤないし聖者（阿羅漢）

の一族に属しているのである。

もちろん、こんなふうに言ったからといって、自分が聖者だと感じなければならないということではない。もしそう感じたとしたら、よくないしるしだ。ただ、ここでは、修行の深化とともに、どういうしるしがあらわれてくるかを示すために、こう書いてあるのである。

以上が、修行の確立である。

(2)放松——覚醒とともにリラックスすること

20 放松のための秘訣は、外にあらわれてくる顕現を作り変えることなく、そのように生じているものは本来の境地の飾りであると知り、その境地にとどまることだ。内なる明知は、無作為にして透明、明亮、赤裸々。真如にあって、みずからの土台に悠々ととどまることが、放松である。

二番目は、覚醒を生き生き保ちながらリラックスする放松(ルックパ)の口伝である。

ふつう、リラックスするという場合には、チベット語では、ルーパ（glod-pa）あるいはルックパ（lhod-pa）という言葉を使う。けれども、リラックスはしていても、同時に朦朧としていることもありうる。これに対して、「放松」（lhug-pa）という言葉は、リラックスしながら、しかも生き生きと覚醒を保っているという意味だ。

この表現は、セムデ（心の本性の部）とロンデ（界の部）でよく使われる。同じことを、メンガギデ（秘訣の部）では、テクチュー（断縛 khregs-chod）と呼ぶ。

メンガギデの修行は、テクチューとトゥゲル（突破 thod-rgal）のふたつにまとめられる。わたしが三昧の方法について説明すると、後でテクチューについて教えてくださいと聞きに来る人がいる。けれども、テクチューは、ここで述べられている放松と同じ意味なのである。説明の仕方は、メンガギデとセムデやロンデでは違っているかもしれない。けれども、大切なのは説明の仕方ではなく、伝達されている中身だ。

放松というのは、緊張もなく、何かに注意を向けているのでもなく、完全にリラックスしているという意味だ。日常語としても、リラックスしているという意味で使われる。たとえば、文章表現の場合、韻文で、形式にしたがって書くことを、ツィクチェ（tshig-bcad）と呼ぶ。これに対して、会話であれ、文章であれ、形式にとらわれず自由に表現するのをツィクルック（tshig-lhug）と呼ぶのである。ゾクチェンにおける放松（lhug-pa）は、身体、言葉、心のすべてが完全にリラックスしている状態を指している。

ウパデシャにおけるテクチューも同じ意味だ。テク（khregs）というのは、何かを縛るという意味だ。たとえば、薪を束ねたものは、シンテク（shing-khregs）と呼ぶし、野菜の束のことは、ツェルテク（tshal-khregs）と呼ぶ。わたしたちの存在のすべて、身体、言葉、心の全体は、緊張や煩悩によって、固く縛り上げられ、束ねられている。そうやって束ねている紐が、自然に切れてしまう（chod）。誰かが切る（gcod）のではなく、自然に切れてしまう。そのことを、テクチューと呼ぶのである。みずからの本来の境地を理解するための方法によって、悟る。それによって、緊張と煩悩の束が自然に切れてしまい、リラックスする。それがテクチューであり、放松と意味は同じである。

では、実際にはどうしたらいいか？

感覚と対象の接触から顕現が生まれる。とても美しいものを見たら、それを楽しむ。しかし、楽しみながら、二元論的な見方におちいらないようにするのである。何かを見て、「ああ、なんてすばらしい。好きだ。欲しい」と思ったとしたら、見た後で、判断の過程に入ったということだ。さらに、判断の直後に、貪欲が生じている。逆に何か醜いものを見て「ああ、汚い。嫌いだ。こんなものはいらない」と思ったとしたら、それを拒絶したいと感じているということだ。取り除けなければ、さらに、怒りが生じてくる。かくして、かの有名な二つの煩悩、すなわち貪欲と怒りが生まれる。

貪欲と怒りは、二本の足のようなものだ。右、左、右、左と交互に足を出しながら、わたしたちは歩く。それと同じで、何かを見ては、美しい／醜い、美しい／醜い、と二元論的に判断し、貪欲と怒りが交代する連鎖の中を、生きているのである。そうやって、煩悩によって気を散らし、無数の悪しきカルマを作り出し、その結果として、終わりのない輪廻の中で苦しんでいる。その連鎖の根を断ち切ることが必要だ。

どんな顕現が生じようが、また、どんな風に生じようが、二元論におちいることなく、生き生きと覚醒を保ちつつリラックスする。何があらわれてきても、心によって作り変えたり、変化させたり、一切しない。そうすれば、すべての顕現は、現象の真実のありようである法性、すなわち、本来の境地の飾りとして、あらわれてくる。

ゾクチェンのメンガギデの教えには、顕現をあるがままに放置する修行（snang-ba'i co-bzhag）がある。推論や判断によって変化させない。どんな顕現が生じても、いつでも、それをあるがままに放置するのである。そうすれば、顕現によって支配されることは、まったくない。

顕現は、個人のエネルギー（rtsal）の飾りのようなものだ。自分は鏡によって象徴されるような真実の心の境地にある。顕現というのは、鏡に像が映し出されるのと同じである。映像が美しかろうが、醜かろうが、鏡がそれによって影響されることはない。鏡のような心の境地にあるなら、その表面にどんな顕現が生じてきても、何も問題はない。

このことを指して、大成就者ティローパは弟子のナローパに「顕現が問題なのではなく、顕現に対する執着が問題だ」という口伝を与えたのである。

偉大なる導師パダンパ・サンギェも、こうおっしゃっている。

「人は顕現によって支配されるのではなく、
顕現に対する執着によって支配される。
この執着は当人の内部に由来するものであって、
対象に由来するものではない」

内部には明知がある。明知は修正されることなく、透明で、明亮で、赤裸々である。修正されたり、変えられたり、作為されることがない。それは、分別や心の働きによって支配されていないからである。「赤裸々」というのは、思考が生じた瞬間、それをあるがままに自覚し、認識し、判断や推論の過程にはいっさい入らない、ということを意味している。

善であれ、悪であれ、どんな思考が生じてきてもかまわない。変えたり、修正しない。刹那の認識の中にあって、思考を観察しながら、リラックスしていればいい。

たとえば、顕教や密教の場合、悪しき思考が生まれてきたら、善なる思考に変化させる。悪しき煩悩が生まれてきたら、良い感情に変化させる。そのためには、悪しき思考に何かを対立させるか、本尊に変容する修行を行なう。

ところが、ゾクチェンの場合、そういう必要はない。心に良いものがあらわれてこようが、悪いものがあらわれてこようが、どちらでもかまわない。ただ、その瞬間、それを自覚しつつ、明知の境地にありさえすればいいのである。もちろん覚醒を失ってしまえば、思考によって支配されてしまう。しかし、明知の境地にあるとき、心は無力だ。思考が生じても、消えていってしまう。

それはちょうど鏡のようなものだ。鏡に何か映った瞬間、少し角度を変えれば、映像はがらっと変化する。あるいは、空を飛ぶ鳥のようだ。飛ぶ鳥は、空に跡を残さない。それと同じだ。明知の境地にある時には、思考は力を持たない。

このように、生き生きとした覚醒を保ちながらリラックスする。思考が生じてきても、そのまま放置し、本来の状態である真如に解きほぐれ、リラックスしていくにまかすのである。

21　六識の対象を分析することなく、透明に放置する。

現象はとだえることなく、（本来の境地の）飾りとして生じてくる。
あるがままの真如は、無執着の明知の力能として円満な完成状態にある。
不二なる本来の境地を守ることが、放松である。

放松、すなわち覚醒を保ちながらリラックスする、というのは、感覚が対象に触れた時、概念をこしらえたり、推論したり、判断したりしない、ということだ。視覚であれ意識の対象であれ、顕現が生じたら、判断の過程に入ることなく、刹那の認識のまま、覚醒を保ち、それを楽しむ。

ふつう、何かを目にすると、意識はそれについての判断を行ない、それに続いて、貪欲や怒りの煩悩が生じる。そうやって煩悩に支配され、行為に入っていくことによって、さらにカルマを積み、輪廻の中を転生し続けることになる。それに対して、感覚のはたらきを止めることなく、それを自覚していれば、すべては飾りとして生じる。

「分析することなく」というのは、思考を停止させるという意味ではない。ただ放置しておけばいい。この点において、ゾクチェンの修行は禅の修行と部分的に似ているように見える。禅は、分別が湧き起こってきても、それを止めようとせずに放置し、ついには空性を体験する無分別の境地に入る。

たとえば、机の上に本があるのを見たとしよう。この本をどこか他の場所に持っていくこともできる。だが、たいしたものではないと考えるなら、置きっぱなしにしておいてもいい。

思考を止めようとするのは、何かをそこから他の場所へ移し、取り除こうとするのと同じだ。これに対して、分析しないというのは、何かがあっても、その場所にそのまま放置し、それによって邪魔されたり、気が散ったりしないということだ。思考が生じても、分析したり推論したりしない。このように明晰に自覚している覚醒の境地において、思考は、とだえることなく、生じ続ける。

ここで、ゾクチェンの中で「気が散らない」（散失しない ma yengs）とは、どういう意味なのか正確に理解することが、非常に重要だ。それは「外部」の現象であれ、「内部」のエネルギーの運動であれ、判断ぬきに認識し、自覚しているという意味である。心の中に警官がいて、「さあ気をつけなさい！」と言いながら飛び跳ねている、という意味ではない。

明知の境地にある時、それにもともとそなわっている特性が、さまざまな現象としてあらわれてくる。だからといって、それによって妨げられることはない。また、何かをわざわざ作ったりする必要もない。太陽が輝くと、自然に光線が放射される。光線は、太陽にもともとそなわっている特性だ。それと同じで、すべては自分の本来の境地から放射されるエネルギーの飾りとして生じる。何が顕現しようが、そのすべては、この覚醒の境地においては、自然状態で完成されているのである（lhun-grub）。

自然状態で完成している（任運成就）というのは、ゾクチェンにおいて、とても大切な考え方である。もしかりに、もともとのはじまりから清らかである（本来清浄）という空性の側面だけを問題にするのであれば、ゾクチェンは禅と違わないことになるだろう。これに対して、自然状態で完成している側面（任運成就）を理解することが、ゾクチェンと禅を分かつのである。

リクパの境地にある時、見るものはすべて自分のエネルギー（rtsal）のあらわれである。それは鏡に映る映像のようなものだ。自分のまわりのすべての次元は、明知のツェルの力能（rig-pa'i rtsal）であり、自然状態においてあるがままで完成している。

根本テキストには、次のように書かれている。

六識の対象である顕現が、本来の境地の単に飾りに過ぎないものとして、透明に、途絶えることなく、分析されることなく生じてくる時、それはあるがままで完全に円満であり、完成されている。顕現は、執着や概念や判断を離れた明知のエネルギーとして、体験される。

かくのごとき不二の境地に入り、覚醒を保ちリラックスしつづける。それが放松の意味である。実際は、この頌は、日常生活の中でどう修行をつづければいいか、述べているのである。どんな時も、明知の中にとどまるようにする。もしそれができない場合には、少なくとも、自己を観察する覚醒を保ち、混乱した思考や煩悩の虜にならないようにする。そうやってしだいに修行になれていけば、ついには、つねに放松の状態に入ったままでいられるようになるのである。

22 禅定においては、五つの門の対象を分析せず、

光明に輝き、不動にして無執着の放松の境地が生じる。

禅定の後は、形を持ったあらわれも、実在しないごとくに顕現するなど、

六識の対象とむすびついた原初の知恵が生まれる。

修行が進んで、三昧が、限られた時間だけでなくずっと続くようになったら、「大いなる三昧」(ting-'dzin chen-po)と呼ぶ。けれども、初心者の場合、三昧に入っている時と入っていない時の区別がある。

三昧に入っている禅定の間は、感覚の五つの門(五識)の対象を分析せず、覚醒を保ちつつリラックスする。何が顕現しても、気を散らしたり、執着したり、概念や判断を加えたりしない。あるがまま、そのまま、透明かつ清明な境地に放置しておけば、すべては鮮明に、細部まではっきりとしたありようで、あらわれてくる。

チベット語のmi g·yo-baというのは、「不動」あるいは「気が散らない」という意味だ。明知の境地が中断されたなら、それが「動」(g·yo-ba)、すなわち散失である。

シャキャムニ・ブッダは、何回も不動の三昧、すなわち散失することのない禅定に入ったという。それは、シャキャムニ・ブッダの身体が動かなかったという意味ではない。明知にとどまり、思考の活動によって散失することなく、そこから動くことがなかったという意味だ。シャキャムニ・ブッダは、気が散ることもなく、思考に支配されることもなく、動いたり、話したり、分析したり、すべての行為を行なったのである。

三昧から立った後、事物が感覚にあらわれてきても、実体があるとは見ない。煩悩にも実体がないと感じる。だから、感覚に何が顕現しようとも、それは原初の知恵(ye-shes)の中にとどまる方便となり、さまざまな体験と結びついた知恵が生じてくる。

23　五つの煩悩の毒からどんな分別が生じても、執着することなく、あるがままに認識し、放松する。反対物を対置すること（対治）によって煩悩を捨てたり、方便によって変化させたりしない。そうすれば、道の途中立ちのぼってきた煩悩は自然に解脱し、原初の知恵が生まれる。

ここまでは、外部の顕現について考えてきた。さて、ここからは主体の内部についてだ。五毒というのは、無知、瞋恚、貪欲、慢心、嫉妬の五つの煩悩を指す。この五つの煩悩にもとづく分別が生じてきたら、それに引きずられず、あるがままに観察する。善悪の判断をしたり、概念を作ったりせず、生き生きとした覚醒を保ちながら、リラックスする。

それぞれの煩悩がどんなふうに解放されるかについては、「サーマンタバドラの祈願」（kun-bzang smon-lam）のなかに詳しく書かれている。ポイントは、どんな煩悩が生まれてきても、止めようとせず、観察することである。

この方法は、顕教や密教とはまったく違っている。

顕教の場合、煩悩が生じてきたら、何かをそれに対置して止めたり、捨てようとする。また密教であれば、何かの方便によって変化させる。

たとえば、顕教の場合、貪欲や執着を対治するために、肉体に対する嫌悪の念の瞑想を行ない、怒りを対治するためには慈悲の瞑想を行ない、嫉妬を対治するために、他の人の積んだ功徳に随喜する。また、密教では、煩悩を原初の知恵に変化させる。たとえば、怒りの煩悩をヘールカ神の忿怒に変容させるのである。

これに対して、ゾクチェンの場合、修行の道の途中で生じてくる煩悩を、止めたり変化させたりしない。煩悩は自己解脱し、そこから原初の知恵があらわれでてくるのである。そのためには、どんな煩悩が生じてきても、ただ観察すればいい。煩悩のありように気づくこと自体が、煩悩の知恵である。煩悩を知恵に意図的に変容させなくとも、ただ観察していれば、そのまま知恵になる。

明知の境地にない時には、煩悩は毒となる。悟りを妨害し、中断し、それによって輪廻転生を余儀なくされるから、魔とも呼ばれる。分別の後を追いかけ、思考活動に入れば、思考もまた、毒になり得る。結果として煩悩の奴隷となってしまうからだ。

これに対して、覚醒の境地にとどまっていれば、思考によって支配されることはない。心に生じてくるものは、すべて鏡の表面に映し出される像のようなものにすぎないから、何かを対立させることによって、煩悩を抑えようとする必要はない。煩悩は、自然に自己解脱する。

このような煩悩の自己解脱は、見ることによる解脱（チェルドル）（gcer-grol）を超えている。チェルドルの場合、分別が心の中に生じてきたら、赤裸々な注意と観察を払い、正面から見ることによって、煩悩は自己解脱する。だから、まだある種の努力が必要とされる。

これに対して、放松というのは、あるがままの状態を自覚しながら、リラックスすることである。煩悩が生じてくるのを感じても、それを止めたり、止めようと努力しない。反対になるものを対置したりしない。ただ、その煩悩をリラックスさせる。そうすれば、煩悩に支配されることはない。

逆に、煩悩が明知によって支配される。

そうやってリラックスしつつ自覚している放松の境地にとどまることによって、煩悩そのものも、原初の境地から放射される特性のあらわれとなる。これが煩悩の自己解脱の方法である。

24 修習の体験は、光明と空（が不二なるもの）として顕現する。
顕現と空（が不二である）本来の境地にとどまる。
運動と空性（が不二である）、楽と空（が不二である）など、
楽、光明、無分別のいずれかの体験が生まれてくる。

この頌では、瞑想修行の間、生じてくる体験について述べている。

光明であるとともに空性として顕現するというのは、すべてがきわめて透明に明晰に現われてくるけれども、同時に、その本質は空だと直観しているということである。顕現と空性が一体である本来の境地にとどまっているというのは、何かを見ながら、それが空だと直観しているという意味だ。とくに何かするわけではない。自然にそういう体験があらわれてくるのである。運動であるとともに空性である境地というのは、思考の運動が同時に空性であると自覚している状態を指す。楽と空性が一体というのは、肉体と結びついている楽の感覚を体験しながら、それが同時に空だと直観しているということだ。

どの修行体験が、どんなふうに生じるかは、じつに多様だ。すべて、そのときの個人の状態によ

る。

体験は、頭の中の知識とは別物だ。修行によって、楽、光明、無分別といった体験が生まれる。それを自覚し認識することによって、直接的理解が生まれるのである。経典を読んでもわからなかったのが、実体験によって「なるほど、これが楽空不二の体験なのだ」というふうにわかる。それまでは、「こんなふうかな、それともあんなふうだろうか」と考えをめぐらせていた。だが、実際に自分の舌で味わい、体験すれば、迷いはなくなる。

25 一切の法は法身だと理解することによって、
真如の本来の境地を、作り変えることなく認識する。
不二にして平等、完全なティクレにおいて調和しているから、
仏身は、原初の知恵の身を得、光明の原初の知恵が生じる。

ここでは、みずからの真実の次元（仏身）とそこにあらわれてくる原初の知恵について、書いてある。

カーヤ（仏身 Tib. sku）という言葉は、存在の全次元を指している。すべての現象を、法身すなわち存在の全次元として悟る。みずからの真の本質は法身だと自覚することによって、事物の真実のありようである真如を悟るのである。何かを変えたり、判断したりしない。作為をなすことなく、真如を認識する。そういう無作為の境地にとどまることによって、原初の知恵の身（ye-shes sku）を得る。

自然状態で完成している不二なる知恵は、円輪（thig-le）のようなものだ。それは全体であり、平等であり、不二である。円輪には、角もなければ限界もない。その中心から周囲に向けて、光のエネルギーが、自然状態で完成しているあり方において、湧出してくる。原初の知恵の次元、すなわち知恵身を得る、というのはそのことを指している。無限の光に満ちた原初の知恵が、あらわれでてくるのである。

26　対象世界は、法性として顕現するから、煩悩の障害は浄化される。
明知の原初の知恵が生じるから、悪しき行為のありようから離れている。
煩悩と薫習の障害から完全に解放されているから、
聖なる菩薩の一族として知られる。

ここでは、煩悩の浄化が主題になっている。

感覚と対象の関係は多様だ。いずれにせよ、対象によって、影響されたり、支配されることがなくなる。すべては、透明な光に満ちたものとしてあらわれてくるようになるからだ。現象にはすべて実体はないということが明らかになるのである。

それはちょうど、鏡に映し出される像のようだ。知覚対象は、法性の顕現としてあらわれ、主体も法性の境地においてあらわれるから、煩悩は解き放たれ、煩悩の障害は浄化される。

明知の原初の知恵が、つねに内部にあるから、悪しき行為から離れている。煩悩を克服し、光明に満ちた知恵を育てたから、何をすべきか、すべきでないか、一つひとつ学ぶ必要はなくなる。外部の顕現の奴隷となることがないから、権威や規律を頼りにすることなく、みずからの明知によって、自分自身を支配することができる。特に努力する必要はない。すべての悪は、光明と自覚の欠如から生じる。ところが、いまや明知の境地にとどまっているから、悪しき態度や行為は、そもそも生じえないのである。かくして、煩悩と薫習の障害が浄化されるから、聖なる菩薩の一族に属すといわれる。

以上が、融合と放松の口伝である。

iii修行の進歩

27 進歩のためには、無作為にして、自然状態で完成している本来の境地そのまま、
刹那の認識を作り変えることなく、覚醒を保つ。
無分別の明知は明澄にして、透明な覚醒である。
散失することなく、揺らぎない認識の流れを保つ。

さて、ここからは、三番目の主題である修行の進歩（bogs dyung）についてである。融合と放松という、これまでの二つの口伝は、修行を確立するためのものだった。この修行から利益を得、また進歩するためには、最初の一瞬、立ち上がってくる刹那の認識は、自然状態で完成

している（任運成就）ということを悟ることが必要だ。それを変えようとせず、無作為のまま覚醒を保ち、リラックスする。そうすれば、無分別の明知が、透明かつ生き生きとあらわれてくる。

無分別といっても、思考がまったく生じない、という意味ではない。思考が生じても、それによって支配されないという意味だ。明知は、分別によって支配も影響も受けない。明知は広大だ。思考が生まれてきても、その明知の広大な空間に解放される。

明知は、時間を超え、心を超えている。だから、そこにはどんな思考でも生じうるし、しかもそれによって害されることがない。それだけではなく、思考を行為に移すこともできる。修行の深化とともに、明知の境地にとどまったまま、身体、言葉、心の活動を行ない、日常生活と三昧を融合することができるようになるのである。

それは明澄な水のようなものだ。水が静かに落ち着けば、中に何があるのか、透明に、あるがままに見えるようになる。身体、言葉、心の混乱のあいまに明知を体験したら、そこから離れることなく、ゆったりとその状態にとどまり続けるようにすればいい。

どんな時でも、明知の境地にあって、透明な自覚と認識を保ちつづければ、散失することのない直観的認識の流れは、ゆるぎないものになる。そうやって修行を推し進める。

28　禅定においては、朦朧とした状態（昏沈）や興奮（放逸）に支配されることがなく、（すべての現象は）法の本性すなわち空そのものとして顕現する。

禅定の後も、認識は、環境（縁）によって支配されることなく、心の本性たる真如を保ちつづける。

禅定に入っている時には、判断も作為もしない。朦朧とした状態（昏沈）や興奮（放逸）によって影響されることもない。真の本質たる明知には、どんな過ちもないのである。また、すべては、存在の真実の状態である法性すなわち空性として顕現し、すべての顕現は、みずからの本来の境地の飾りとして生じるから、エネルギーをふたたび融合することが可能になる。

禅定の後は、顕現や思考といった副次的条件（縁）によって支配されることなく、真如たる心の本性の境地にとどまるようにする。

29　修習の体験としては、修習することと修習しないことが不二で、
一切の顕現は、三昧の境地のロルパとして、円満に生じる。
一切の法の法性である真如は、
自然なる本体、真実なる本来の境地から動くことがない。

この頌では、修習の体験について述べている。瞑想していようがいまいが区別がない、という不二なる本来の境地が持続するようになる。「修習」（sgom-pa）という言葉は、観想や分析的瞑想の修行を指すこともあるけれども、ここでは、そういった心の活動ではなく、明知の境地にあることを意味している。

この段階にいたれば、概念や判断や意識によってしばられたり、制限されたりすることは一切なくなる。どんな顕現が生じても、どんなヴィジョンにとりかこまれても、すべて三昧のロルパのエネルギーの表現（ting-'dzin rol-pa）として生じてくるようになる。エネルギーの運動があっても、まったく邪魔にならない。すべての現象の真実のありよう（真如）である法性にあって、自然に生じる原初の本来の境地から動くことがなくなる。

30　顕現するものも、顕現しないものも、すべての法は、
法性たる本来の境地において、みずからの土台に完全に浄化されるから、
不二なる至高の仏身を得、
覆われることのない聖なる原初の知恵が生まれる。

ここでは、存在の全次元すなわち仏身について述べている。目に見えるものであれ、目に見えないものであれ、どんな顕現があらわれてきても、すべて、存在の真の状態である法性の境地に、完全かつ自然に浄化される。「浄化」というのは、意識の働きによって現象をとりのぞく、という意味ではない。あるがままの本来の境地にあるがゆえに、すべては「浄化」されるのである。鏡から、そこに映る像をとりのぞく必要はない。実際のところ、鏡の表面に映し出される映像をつうじて、はじめて鏡の本質に到達することができる。すべてを映現する鏡の能力そのものになっているとき、その表面に映し出され

る像は、何であれ、あるがままで清浄だ。

かくのごとくして、不二なる究極の次元、至高の仏身を得る。この不二の次元においては、主体・客体の区別はもう存在しない。意識の活動によって覆われることなく、一切の条件を超えた原初の知恵がはっきりとあらわれてくる。

31 知識による障害（所知障）が完全に浄化されるから、
一切の法、法の本性をあるがままに知る。
理解の主体と客体は、不二であり、完全に解脱しているから、
一切知たる如来の一族と知られる。

知識の障害（所知障）というのは、知識や観念による障害で、大変微細なものだ。それもまた完全に浄化される。それによって、すべての現象を如実に知る知恵、一切知を得る。知と不知、知る主体と知られる対象という二元的な分別から完全に解き放たれるから、一切知たる如来の一族に属すことになる。如来というのは、外部の対象ではない。みずからの真の本質が、如来としてあらわれてくるのである。

以上が、昼の修行である。

四　夜の修行

i 黄昏の修行

32　夜のヨーガの道を進むには、
黄昏のヨーガと朝のヨーガの二つを訓練する。
黄昏には、感覚をゆったりとリラックスさせ、
それから意識集中による禅定と睡眠を融合させる。

ここからは、夜の修行である。

夜の修行は、ゾクチェンにおいてたいへん重要だと考えられる。理由はいくつかある。まず、一生の約半分は夜だということだ。ゾクチェンの修行の究極の目標は、三昧に入り続けることであり、そのためには、夜の修行を達成する必要がある。すなわち、夜の睡眠を修行のなかに組み込み、統合する必要がある。

二番目の理由は、夜の修行ができるようになれば、体験、理解という点で、より大きな進歩を遂げることが可能だということだ。夜の修行は夢と密接に結びついている。心はいつもはたらいており、止まることがないから、睡眠中も心は起きあがり、機能し始める。そして、さまざまな夢が始

まる。もしその夢を自覚することができるようになれば、悟りを深めるためのきわめて重要な道になりうる。

それには大きく二つの側面がある。一つは、夢の体験をつうじて、すべては幻だと理解することである。もう一つは、夢の中で修行することである。

わたしたちはみな、大きな緊張と執着を抱えている。その原因は、すべてが実在していると信じこんでいることにある。すべての現象は、実在し、重要なものだと思っている。しかし、いいものであれ悪いものであれ、すべては幻であり、実在しない。

シャキャムニ・ブッダは、すべての現象は幻であり、実在しないと説かれた。そのことをわたしたちは知っている。知ってはいても、そしてまた、シャキャムニ・ブッダの言葉を信じると口にはしても、実際には、緊張や執着に縛られた自分のありようやふるまいの方を信じているのである。理論的には、すべては実在ではないと知っている。しかし、実践においては、すべて実在だと信じている。そこから、ありとあらゆる執着と緊張が生まれる。

たいてい、わたしたちは、苦しみ、恐れながら生活している。生きることを恐れ、死ぬことを恐れ、すべてを恐れている。そういう恐れの根源は何かといえば、信じすぎていること、すべては実在だと考えていることにある。現象は実在ではなく、幻のごときものであるということが少しでもわかれば、恐怖は消えてなくなる。

たとえばひどい悪夢を見たとしよう。夢だと自覚できなければ、恐怖、痛み、苦しみを、現実のものとして感じる。突然目が覚めると、「ああよかった、夢だった」とホッと胸をなで下ろす。なぜホッとするかというと、夢は現実ではないと思っているからである。夢は実際は存在しないということに気がつくと、恐怖は消失する。

シャキャムニ・ブッダは、すべては幻であり実在ではないと説かれた。つまり、わたしたちの生命であれ何であれ、ありとあらゆるものは、すべて夢だということだ。夢を夢として自覚できれば、そのことを直接理解できるようになる。夢をつうじて、一切は実在ではないという理解が深められれば、生活に変化が生じてくる。夜の修行と夢の修行に慣れ親しんでいくにつれ、緊張や問題は減少していく。

もう一つは、夢の中で修行することとである。修行者、とくにゾクチェンの修行者にとっては、夜の修行の方が昼の修行よりも大切になることもある。それは、より高い効果が得られやすいからである。もちろん昼も修行はできる。可能性があれば、隠棲修行してもいい。けれども、ふつうの場合、肉体が大きな制限になるだろう。たとえば、壁を見つめたとき、壁の表面にあるものは見えるけれども、向こう側は見えない。何が見えるかは視覚と関係しており、視覚は視覚器官（目）に関係している。目を閉じれば見えないし、耳をふさげば聞こえない。すべての感覚は器官と結びついており、それに完全に依存している。

だが、感覚と器官は同じかというと、そうではないのである。仏教の意識論によれば、感覚機能（眼識など前五識）は、肉体の感覚器官（根）にまったく依存しているけれども、両者は独立の存在だと考えられている。そして、夢の中では、感覚は異なる機能の仕方をするのである。

そのことを順序だてて考えてみよう。

夜眠るとき、最初から夢を見るという人はいない。まずわたしたちは眠りに落ち、それから夢が始まる。

眠りに落ちるというのは、死ぬようなものだ。とくに修行してきた人でなければ、死ぬ時には、意識を喪失し、その過程を認識し続けることはできない。意識の機能が失われ、暗闇のようなものの中に落ちていく。それから、しだいに目が覚めてくるのである。

目を覚ますのは何かといえば、意識である。肉体は死んでしまったけれども、心はそうではないから、ふたたび意識がはたらき始める。意識は、感覚機能（前五識）と結びついているから、それらも機能し始めるのである。これに対して、死と睡眠中は、感覚の機能は、肉体の器官とは独立に、はたらきうる。死の場合、感覚器官は死体に残されているし、睡眠中は、ベッドの上で眠っているだろう。いずれにせよ、心はもはやベッドの上にはなく、感覚機能とともにはたらき始めている。そういう状態を意成身と呼ぶ。

こうして、心は、環境条件（縁）に依存しつつ、それに応じて機能し始める。ただし、もはや肉体との関係は切り離されているから、物理的なレヴェルの制限を受けることはなくなる。たとえば、ふつうわたしたちは壁を通り抜けることはできない。ところが、意成身にとって、壁は障碍にはならないのである。

わたしたちの感覚は、ふつう、肉体の器官によって大きく制限されている。それに対して、意成身にはそういう制約がない。だから、夢を夢と自覚し、夢の中で修行することができれば、より大きな効果を得ることが可能なのである。たとえば、修行法を学び、それによってどんな体験が得られるか知っていても、昼間の修行では、すぐに結果が出ない場合がある。ところが、夢の中で修行することができれば、より直接的に効果が出る。それは、昼の修行にもとても大きな利益をもたらす。なぜなら、昼間の生活も、夜の夢も、同じ心のはたらきだからだ。それ故にこそ、夜の修行はきわめて重要なのである。

ゾクチェンの秘訣の部の中の暗闇の隠棲修行（yang-tig）やトゥゲル（thod-rgal）は、いずれも、三昧を深めるためのものだが、たとえばトゥゲルを昼間行なっても、はっきりした効果が出にくいことがある。そういう場合、夜、夢を夢と認識できれば、その中で修行し、具体的な体験を得ることができる。その後、昼間行じれば、どういう影響があったか、よくわかるだろう。

また、後で詳しく説明するけれども、死や死後のバルド（中有）の準備をするためにも、夜の修行が一番大切である。

密教の場合、睡眠と関連して、夢の修行を行なう。とくにマハーマーヤ・タントラの修行の中心は、夢の修行である。だが、ゾクチェンの場合、特別な夢の修行はない。なぜなら、夢の中で修行ができるかどうかは、夜の修行にかかわっているからである。

まずベッドに行って横になる。それから眠りに落ちる。しばらくすると、夢が始まる。だから、眠りに落ちるとき、明知を保ちつつ眠ることができれば、当然、夢を自覚することもできる。これに対して、夢だけに焦点をあてても、夢を自覚できるかどうかわからない。大切なのは、根源は何か理解することだ。根本は何か理解して、取り組めば、何であれ簡単にできる。夜の修行がうまくできれば、夢の修行は特に必要ではない。夜の修行はそのまま夢の修行にもなるからだ。

密教であれ、ゾクチェンであれ、実際に修行を行なうためには伝授が不可欠だ。だから、これから説明する夜の修行を行なうためにも、グルヨーガの伝授が必要である。なぜなら、すべての伝授の中心はグルヨーガだからである。グルヨーガの伝授を受けていれば、グルと一体の境地にはいるにはどうしたらいいかわかっているはずである。夜の修行だけではない。コルデ・ルシェン('khor-'das ru-gshan)、セムズィン(sems-'dzin)、ロジョン(blo-sbyong)、四つの出離の瞑想など、すべてのゾクチェンの修行の根本はグルヨーガである。

さて、夜の修行(mtshan-mo'i rnal-'dyor)は、二つに分かれる。最初の修行である黄昏の修行は、夜眠る直前に行なう。もう一方の早朝の修行は、朝起きた時に行なう。

黄昏の修行の最初のポイントは、睡眠にはいるとき、意識や感覚機能などを、すべて三昧の境地に統合することである。眠るとともに、感覚もまた眠りこむ。だから、眠る直前に修行を行ない、すべての感覚を自覚し、覚醒を保つようにする。

まず、三昧の境地に入って、感覚をゆったりリラックスさせる。あるがままに放置し、緊張を解放するのである。感覚は歪められることもなく、縛られてもいない。ゆったりリラックスしている。それから、意識集中による禅定の修行と睡眠を融合するのである。

意識集中による禅定(bsam-gtan)というのは、どういう意味だろうか。ある対象に意識を鋭く集中し、それから、その集中した注意をゆっくりとリラックスさせるような修行を、サンスクリット語でシャマタ(śamata)、チベット語でシネー(zhi-gnas)、すなわち「静寂の瞑想」(止)と呼ぶ。これに対して、思考の動きに取り組んでいく時には、サンスクリット語でヴィパシャナ（vipaśana）、チベット語でラントン（lhag-mthong 観）と呼ぶ。意識集中による禅定というのは、このような瞑想の仕方のことを指す。

夜の修行の場合、最小限意識を集中し、自分の心をチェックすることが必要だ。そして、禅定と睡眠を融合し、意識集中をたもち、自覚をたもちながら、眠るのである。

33 横になって眠るとき、眉間に
豆粒くらいの大きさで、はっきりと輝く
白いア字か五色の光のティクレを観想し、
意識を集中し、リラックスしてから、眠る。

実際のやり方を説明しよう。眠る直前に、眉間のところに豆粒ほどの大きさの白いア字、または五色の虹の光に輝く円輪（ティクレ）（thig-le, Skt. bindu）をはっきり観想する。ゾクチェンの秘訣の部の教えでは、この白い種字あるいは小さな光の輪を、心臓のチャクラに観想する。なぜなら、眉間に観想すると、あまり意識がはっきりしすぎて、眠れないこともありうるからである。

だが、この修行の場合は、額のチャクラに観想する。なぜなら、それによって、生命エネルギー、すなわちプラーナ（Tib. rlung）を、すべて自動的にコントロールすることができるからだ。

もしも白いア字を観想することがむずかしければ、適当に調整する。修行する場合には、自分の状態をよく知って、前進していく必要がある。自分の状態に合わせて、修行するのであって、修行法にしばられ、にっちもさっちもいかなくなるというのでは困る。観想はできても眠ることができないのでは、無意味だ。また、観想が鮮明すぎると、眠りにくくなることがあるから、気をつける。

白いア字のかわりに、ティクレ、すなわち虹色に輝く光の円輪——孔雀の卵に似ている——を観想する方法もある。五色のティクレを観想できれば、心身を構成する原質を支配する悟りを得るためにも、きわめて有益である。いずれにせよ、瞑想の対象に、まず注意を集中し、それから少しリラックスさせる。そうすれば、眠ることができる。

この観想は、ゾクチェンのグルヨーガと同じである。ゾクチェンのグルヨーガの場合、ふつう、心臓のチャクラに五色のティクレとア字を観想する。

グルヨーガは、密教とゾクチェンに特有の修行法である。顕教においても、師匠を大切にするだろうし、信仰の対象として、祈願することもあるかもしれない。しかし、グルの境地と一体になるグルヨーガを行なうことはない。

密教のグルヨーガの場合、ふつう、眼前や頭上に、グル・パドマサンバヴァやミラレパ、ツォンカパ、サキャ・パンディタといった祖師の姿を観想する。それから、祈願文やマントラを唱え、グルの知恵をお招きし、勧請する。つぎに、グルの体の三つの場所にある種字から、光が放たれ、それによって加持を受ける。そうやって灌頂を受けたら、最後にグルは自分の中に溶け入り、一体になる。観想の細部には違いがあるかもしれないが、本質は同じである。グルの心の境地と一つになるのである。

ゾクチェンでも、グル・パドマサンバヴァやガーラップ・ドルジェといった祖師を観想して、グルヨーガを行なうことがある。それは密教からの影響である。もちろん、ゾクチェンの修行をするから、密教はやらないということにはならない。ゾクチェンの修行をするなら、そんな狭苦しい考え方はさっぱり捨てる必要がある。そもそも、ゾクチェンの修行の中には、密教とくにアヌヨーガの修行がたくさん組み込まれているのである。

けれども、ゾクチェン本来のグルヨーガは、ア字を用いたグルヨーガである。なぜなら、ゾクチェンの根本は、一切の二元論から自由であることだからだ。目の前にグル・パドマサンバヴァを観想するということは、グル・パドマサンバヴァは、ここにではなく、あそこにいるということだ。自分の外部にいるということになる。たとえ、ゾクチェン流に、グル・パドマサンバヴァは、自分のすべての導師や、さらには如来たちを一身に集めた存在だと考えたとしても、自分が何かを見ていて、それに対して呼びかけたり、供養するというのが、二元論的な見方であることに変わりはない。

これに対して、ア字のグルヨーガの場合、ア字とティクレを自分の内部に観想する。ア字とティクレは、自己の存在そのものであり、同時にすべての導師と如来たちの境地である。

ア字のグルヨーガは、宗派意識や狭苦しい制約を乗り超えるためにも有益だ。祖師を観想してグルヨーガを行なう時、グル・パドマサンバヴァを観想すればニンマ派だし、ツォンカパを観想すればゲールク派だということになりがちだ。そこから、自動的に宗派意識が生じる。ところが、白いア字であれば、ゲールク派であろうが、ニンマ派であろうが、カギュ派であろうが、サキャ派であろうが違いはないから、そんなふうに差別できない。五色の光に輝くティクレも同じだ。いずれも、わたしたちが本来具有している仏性を象徴している。

それには、もともとのはじまりから清らかである（本来清浄）とともに、自然状態で完成している（任運成就）という二つの側面がある。すでに説明したように、本来清浄というのは、空性のことだ。それに対して、任運成就というのは、元素のエッセンスである純粋な光が、自然状態で完成しているありようにおいて、現出してくるということだ。その過程を三つの原初の潜在エネルギー（ye-gzhi thugs-rje gsum）と呼ぶこともある。

この三つの原初の潜在エネルギーを、十番目の頌で説明した、本体、自性、慈悲のエネルギーという三つの原初の知恵や、ダン、ロルパ、ツェルというエネルギーのあらわれ方と混同してはいけない。

三つの原初の潜在エネルギーとは、音（sgra）、光（'od）、光線（zer）である。わたしたちの存在の本質は空でありながら、しかも、無限の潜在エネルギーを内蔵している。その潜在エネルギーが、三つの側面を持って現出してくるのである。そのことを単に知的に分析するのではなく、体験として理解する必要がある。

ア字を使ったグルヨーガは、この三つの原初の潜在エネルギーがわたしたちの本質に内蔵されているということを、象徴をつうじて、ありありと理解させてくれる。

まず、ア字は、エネルギーの根源である音（sgra）を象徴している。白いア字を見ると、自動的に、その音が想起される。ほかの文字でも同じだろう。文字には、音の情報が内包されているのである。

音がすべてのエネルギーの現出の根源だというと、「なぜ音がそんなに重要なのだろう？　そもそも、音がエネルギーの根源だというのはよくわからない」と思う人もいるだろう。そういう人は、通常の物理現象としての音を考えているのである。快適な音、不快な音、騒音等々、さまざまな音がある。

これに対して、原初の潜在エネルギーの現出の根源に音があるという時には、そういう物理的な音ではなく、より隠された秘密の音を指しているのである。たとえば、わたしたちの存在を、身体、言葉、心（身、口、意）の三つの側面から見た場合、一番わかりやすいのは、体（身）のレヴェルである。身体は、見たり触ったり、具体的に接触することができる。それに対して、言葉や風（プラーナ）のエネルギー（口）は、触ったりできないから、よりわかりにくい。心のレヴェルは、さらに微細で理解しにくく、隠されているといえる。

分析を行なうときには、このような違いに応じて、外、内、秘密という区別を行なう。物質レヴェルにおいて具体的に接触できるものは、外的だといえる。それに対して、風（プラーナ）のエネルギーは、直接、物理的に触ることはできない。しかし、ある種の波動として、あるいは身体の内部に感じることができるから、内的だ。ところが心は、まったく外には見えないから、秘密である。

音にも、そういう区別がある。ふつうわたしたちが体験しているのは、外的な、物理的な音である。それが、原初の潜在エネルギーの現出の根源だとは、もちろん誰も思わないだろう。原初の潜在エネルギーが、音、光、光線として現出してくるというときには、そのような外的な音ではなく、秘密の音、心のレベルにおける音を指している。その根源的な音から、光があらわれてくるのである。

グルヨーガの白いア字は、音だけでなく光をも象徴している。ア字そのものは音を、そして、白い色は光を、それぞれ象徴しているのである。

密教の中には、白い布や白い紙は、ほかのどんな色にでも染めることができるから、白こそが根源だという説明がある。すなわち、まだ具体的な色の光に分光する以前の光の状態を、白い色は象徴しているのである。その後分光して、五色になった状態を光線と呼ぶ。五つの色は、五つの原質の精髄を象徴している。

わたしたちの本質には、このように音、光、光線として現出してくる原初の潜在エネルギーが内蔵されており、副次的条件（縁）があるときはじめて、本尊の姿としてあらわれてくる。

密教の修行を行なうときには、そういう具体的な形を持った本尊と浄土のマンダラを観想する。それによって清浄な顕現の中に入っていくのである。だが、ゾクチェンの教えは、一切の観念や制限を乗り超えていこうとするから、とくに具体的な本尊の観想をしたりしない。そのかわりに、五色のティクレをイメージするのである。

ゾクチェンの教えの中には、「完全なるティクレには、頂点がない」という表現がある。頂点は、限界点であり、区切るものであり、観念を意味している。ティクレは、原初の潜在エネルギーを象徴している。ティクレは、主尊とそれを取り囲む四つの部族の本尊といったマンダラをも超えているのである。

もちろん、白いア字も五色のティクレも、象徴にすぎない。しかし、そういう象徴をつうじて、原初の潜在エネルギーを悟る道が開かれる。もし、象徴すらなかったら、どうやったら根源的な境地に入れるか、理解することはむずかしいだろう。すべてを透明に映し出すことのできる鏡の能力を発見するためには、鏡にまず何かが映る必要がある。そのために、グルヨーガや夜の修行では、白いア字とティクレを観想するのである。

さて、夜の修行ではア字やティクレを観想するが、その場合、誰にとっても額に観想するのがいいとはいえない。睡眠に問題がなくて、寝床に入ったらすぐ眠ってしまうような人にとってはとてもいいだろう。けれども、なかなか眠れないとか、修行をするというので緊張してしまっている人は、眠りにくくなる可能性がある。そういう場合には、額ではなく、心臓に観想した方がいい。

同じ白いア字とティクレでも、額か心臓か、観想する場所によってどんな体験をしやすいか違ってくる。というのも、心臓は静寂な境地に、頭部は光明に、それぞれより深くかかわっているからである。

それはなぜか？

目をはじめとする感覚器官は、頭部に集中している。そのため、感覚対象との接触によって生まれる情報は、まず頭部に伝えられることになる。「頭で考える」という人が多いのはそのためだ。脳と心は同じだと考えているのである。

ゾクチェンでは、心が脳だとは考えない。脳は心にとって、事務室のようなものだ。情報を最初に受け取るのは事務室だ。外部の対象との接触に開かれている扉も、仕事をする人間も、みな事務室にある。それとおなじように、事務室としての脳が、さまざまな情報を真っ先に受け取って、それから、ただちに、心に、メッセージが伝達されるのである。

心は、脳ではなく、体の中心たる心臓に位置している、とゾクチェンでは考える。

マンダラについて考えてみよう。チベット語では、マンダラをキルコル（dkyil-'khor）と呼ぶ。「キル」は中心、「コル」は周辺という意味だ。空間ないし次元があって、そこに潜在エネルギーが湧出し、マンダラが生成するとき、エネルギーの噴き出しは、周辺からではなく、中心から起こってくる。中心から真の原初エネルギーが湧出し、そこから放射されるエネルギーの運動が、その周囲に浄土を作り出していくのである。それがマンダラの本来の意義だ。それと同じ理由によって、心は体の中心たる心臓にあると考えられる。脳は、その末端にある事務室のようなものにすぎないのである。

寂静尊と忿怒尊のマンダラの修行を行なうとき、寂静尊は心臓に、忿怒尊は頭に観想するのも、そのためだ。寂静尊は静寂な境地や心の本性を、忿怒尊はそのはたらきや運動、エネルギーを象徴し、それぞれ心臓と脳に対応している。真っ暗な部屋は静かだ。動きがない。ところが、窓が一杯あれば、そこからどこでも見えるから、動きが起こる。それと同じだ。

ゾクチェンの場合、寂静尊よりも忿怒尊の修行をすることが多い。というのも、ふつう、運動を三昧と一つにすることの方が、より困難だからである。もちろん、静寂な境地をまだ体験したことがなければ、シネー（止）や寂静尊の修行を行なったほうがいいだろう。しかし、わたしたちの存在は単に静寂な空ではなく、運動の側面を持っている。エネルギーは絶えず運動し、興奮している。何かを見たり、聞いたり、感じたり、感覚が対象と接触するときには、必ず運動が生じる。その運動を三昧と一つにできなければ、修行は進まない。だからこそ、忿怒尊の修行は重要である。

不眠に悩んでいる人の場合、この修行をすぐに始めることはできない。まず、ちゃんと眠れるようになる必要がある。現代人には不眠に悩む人が多いが、それは、エネルギーの不調和が起こっているからである。エネルギーを調和させるためには、ヤントラヨーガがとても有益だ。あるいは食事や飲み物に問題があることもある。食事の偏りによって、風、粘液、胆汁という身体を構成する三要素のうち、風が増大し、眠りにくくなっている可能性がある。その場合は、食事を変える必要がある。また、薬を使ってもいい。薬といっても、化学的に合成された睡眠薬ではなく、エネルギーを調整するための自然な生薬が、チベット医学や、アーユルヴェーダ、漢方にはいろいろある。身体、言葉、心のさまざまな側面から、調整を行なえばいい。

いずれにせよ、エネルギーに調和がよみがえり、安らかに眠れるようになるまでは、睡眠時のア字やティクレの観想はやらない。そのかわり、日中頻繁にグルヨーガを行ない、リラックスするようにする。夜は、寝床にはいる前に、すわって白いア字のグルヨーガを行ない、それから、少し休んでリラックスする。

寝床にはいって横になったら、ただ、生じてくる思考を観察する。思考が生まれては消え、生まれては消えていく。その過程を観察し、リラックスするのである。あまり一所懸命になって緊張してしまっては眠れなくなるから、リラックスしながら思考を観察する。そうすれば、やすやすと眠れるし、しかもア字の観想を行なった場合と同じような効果が得られる。

34 さまざまな思考の塵によって汚染されることなく
六識がその本来の土台にリラックスしているような、本来の境地において、
眠りに落ち、自然な光明、
無分別の法性の本来の境地にとどまる。

さて、睡眠に問題がない場合は、白いア字を観想し、リラックスしながら眠る。思考が湧き起こってきても良い悪いと判断せず、それによって支配されないようにする。六識——五感と意識——の状態を透明に自覚し、覚醒を保ちながら、自然にリラックスして眠る。そうすれば、明知は分別の汚れによって汚染されることがないので、自然の光明があらわれてくる。

特定の対象に意識を集中していると、それ以外の思考が生じる余地はない。ところが、意識集中を少しゆるめ、リラックスさせると、思考が湧き起こってきて、それによって支配されてしまうこともある。十分に透明な自覚を保っているのでなければ、気が散ってしまい、思考の虜になって、眠れなくなってしまう。かといって、思考を抑えようとしても解決にならない。

大切なのは、リラックスしながら覚醒を保つことだ。そうすれば、簡単に眠ることができるし、また睡眠のあいだも明知の境地を保つことができる。その状態を自然の光明と呼ぶ。眠りながら、覚醒を保っていることが自然の光明だ。自然の光明にある時は、存在の真の状態である法性の境地

にあるから、分別によって気が散ることもない。

こうして、たえず明知をたもちながら眠ることができるようになれば、夢が始まったときにも、夢だと自覚できる。そうやって、自然の光明の中にとどまり続けるのである。

毎日、毎晩、この修行を続け、慣れ親しんでいけば、死ぬ時も同じやり方で死ぬことができる。いつ死ぬか、誰にもわからない。明日かもしれない。明後日かもしれない。一週間後かもしれない。いつまで生きるか、何の保証もない。だからこそ、きちんと準備しておく必要がある。いざ死が訪れてきたときに、どうすればいいかわからなければ困る。

意識を浄土に転移するポワの修行（'pho-ba）をやるという人もいるだろう。たしかに、できればそれもいいだろう。しかし、自分の部屋で気持ちよくすわって修行しているときと、死の時とでは、まったく状況が違う。死ぬ時に行ずるのは、それほど簡単ではない。死とともに、感覚の機能はその本質に融解する。そのとき、ありとあらゆる感覚やヴィジョンがあらわれ、意識喪失に陥る。意識の転移の修行を行なうには障害が多い。

一番いいのは、夜と同じ修行を行なうことだ。夜の修行にだんだん慣れてきたら、同じやり方で死ねばいい。白いア字の観想は、リラクセーションにもなる。本当に明知を保つことができるようになれば、病気でひどい痛みがあっても、痛みに対する感じ方が変化する。死ぬ時も、白いア字とともに、みずからの本質にとどまっていれば、痛みはあっても、それによってたやすく影響されない。死を超えて、明知の境地にとどまり続けることができるだろう。

そうやって、本来の境地の中にとどまっていると、自然の光明ないし法性のバルドがあらわれてくる。

密教では、四つの光があらわれてくるという。密教の修行をしたことがあれば、それを認識できるかもしれない。もっとも、光といっても、すぐに、光そのものや本尊の姿があらわれてくるわけではない。それは、ちょうど真っ暗な夜の闇がしだいに明けていくようなものだ。明け方近く、空がほのかに明るくなり始める。それを「顕現」と呼ぶ。さらに光が強まる。それが「増大」である。タントラによって、「顕現」「増大」「成就」の三段階で説明することもあるし、これに「光明」を加えて、すでに述べたように、四段階で説明することもある。

しかし、とくに密教の修行をしているのでなければ、こういう説明は忘れてしまってかまわない。音、光、光線を覚えていればいい。すべての生きものは、最初から、この原初の潜在エネルギーを持っている。法性のバルドにおいては、その存在の根源的ありようが、おおわれることなく、裸であらわれてくるのである。原初の潜在エネルギーが、音、光、光線としてあらわれてくる。

ふつう、この潜在エネルギーの現出があってもそれを認識することはむずかしいし、もし認識できても、恐怖を感じる。『バルド・トドゥル』(bardo thos-grol『チベットの死者の書』)には、そのことについて説明されている。

けれども、生きているうちに伝授を受け、修行したことがあれば、音、光、光線の中から、報身の本尊が姿をあらわす可能性がある。『バルド・トドゥル』によれば、寂静尊と忿怒尊のマンダラが出現するのである。

ここで生まれてくる疑問は、伝授を受けたことがなくても、経典に説かれているような本尊があらわれてくるか、ということだ。仏教経典の中で説かれている本尊の姿は、それを生み出したインドの文化と密接に結びついている。それとは無関係な文化の中で成長すれば、密教経典の中に描写されているような本尊が死後のバルドに出現してくるとは考えられないのではないか、という疑問である。

この疑問は正当なものだ。ふつうの場合、『バルド・トドゥル』の中に描かれているような本尊が姿をあらわすことはないだろう。原因が欠けているからである。そのかわりに、ただ音と光と光線があらわれてくるだけだ。修行をしたことがなければ、それに気づきもしないうちに、あっという間に通り過ぎて行くだろう。あるいは恐ろしいイメージがあらわれてくるのを見て、記憶喪失に陥るだろう。それはちょうど列車がトンネルを通過する時のようなものだ。ゴーッという騒音がして、過ぎていく。

では、どうして法性のバルドにおいては、音、光、光線が現出してくるのだろうか？

この状態においては、意識のはたらきはまだない。ちょうど、意識が目覚めはじめようとしている境い目のような状態にある。そのため、いままで説明してきたようなヴィジョンがあらわれてくるのである。

生きている間に修行していれば、バルドであらわれてくる報身のヴィジョンは、すべてみずからの本質に内蔵されている音、光、光線の三つの原初の潜在エネルギーの現出だと認識することができる。それが、「母なる光明と息子の光明が出会う」という有名な表現のいわんとしていることだ。そうやって認識できれば、その瞬間悟る。完全なブッダの境地を悟ることができる。もし、法性のバルドの自然の光明において悟ることができなければ、その後で、完全に意識が目覚め、活動を始める。再生のバルドが開始されるのである。

睡眠は死に近い。死は大いなる眠りであり、眠りは小さな死だ。眠りに落ちると、感覚の機能は停止する。それから、自然の光明が始まる。さらにしばらくすると、意識が活動し始め、夢が始まる。夢が始まるまでの明知の持続状態が、自然の光明である。

35　刹那の認識を観察すると
　静寂と運動のどちらが本質であるとも言えない。
　明澄なるあるがままの本来の境地、
　認識のなかに静かにリラックスし、眠りに落ちる。

観想はできても眠れない時にはどうしたらよいか、この頌では説明している。寝床に入っても思考がつづくのは、意識が働きつづけているからである。大切なのは、思考が生じてきたら、何であれ、一瞬一瞬自覚し、認識することだ。刹那の認識が生まれて来た最初の瞬間、赤裸々に自覚する。このような透明かつ明晰な覚醒の中にとどまりつづける。新しい思考が生じてきても、それによって妨げられることなく、覚醒を保つ。そうすれば、静寂と思考の運動の区別はなくなる。

このやり方で眠れば、不眠に悩まされることはないはずだ。眠れないのは、思考を観察することを忘れ、興奮してしまっているからだ。気が散って、いろいろな物事にとらわれてしまうのである。これに対して、純粋な覚醒たる明知の境地は、睡眠を損うことがない。

このように、生き生きと生動する覚醒（seng-nge-ba）の境地を持続しながら、静寂な自覚の中にゆったりと落ち着いていく。そうやって、眠りに落ちる。

36 このようにして眠ることを光明の（生じる）縁として、明知と法界（が不二である）本来の境地に、すべては融解する。眠りに落ちているあいだじゅう、この境地は続き、法性そのままの本来の境地にとどまることができる。

眠りに落ちる過程は、法性の光明に入るための副次的原因（縁 chos nyid gsal-ba'i rkyen）になる。明知の境地にとどまったままで、感覚のすべての機能は、法界に完全に吸収される。完全に眠ってしまうまでの間、その三昧の境地にとどまる。

37 身体の薫習、顕現の薫習、
意識の薫習のすべてから完全に離れているから、
意識は生じることなく、法性たる本来の境地にとどまる。
（それによって）ある程度、自性の光明に融合することができる。

眠りに落ちると、肉体の薫習（lus kyi bag-chags）、顕現の薫習（snang-ba'i bag-chags）、そして意識の薫習（yid kyi bag-chags）から切り離される。

目が覚めている時には、これらの薫習は、それぞれ、肉体、知覚する外部の顕現、意識の働きとしてあらわれてくる。それから切り離されるというのは、どういうことだろうか。

たとえば、ふつう、部屋の硬い壁は物質的な制限となる。自由にそこを通り抜けることはできない。ところが、明知にある時は、肉体の限界を超えることができる。明知は、肉体、顕現、意識の限界を超えている。そのため、存在の真実の状態（法性）にとどまることが可能になる。

そのしくみを説明しよう。眠りに落ちてから夢を見始めるまでの間は、意識の働きがないから、存在の真の状態である法性の本来の境地にとどまっている。その結果、自性の光明とある程度融合できるのである。特に努力しなくても、明晰夢を体験し、また、その内容をコントロールできる。

睡眠中も自分が眠っていることを自覚しつづけることができれば、明知を保ったまま死ぬこともできる。そうなれば、法性のバルドにおいてあらわれてくるすべての幻影は、自然状態において完成しているエネルギーの現出として生じ、また、そのようなものとして認識される。自然の光明の境地にとどまりながら眠ることは、法性のバルドの体験に対応しているのである。

その次の段階は、夢が始まる時である。この過程は、再生のバルドに重なっている。このバルドにおいて、再生が始まる。

再生のバルドの中にあることを自覚できたら、よりよい再生のためのさまざまな可能性が開かれる。夢の場合と同じで、バルドにおいては、肉体の制限がない。しかも、すべての感覚機能は働いているからだ。

生きている間に修行すれば、透明な光に満ちた心のありようを体験し、つねに自分の状態を観察しながら、自覚を保ち、練りあげていくことができる。そのため、もっと余裕を持って自覚的に死後の体験に対処できるようになる。明晰な自覚を持続できれば、バルドに入っても、自分はどういう状態にあるのか、また、何が起こっているのか理解できる。カルマの風に追い立てられ、盲目に、また無力に、さまようことはない。

ただし、そのためには、バルドにあることを自覚し、覚醒を保っている必要がある。それは明晰夢と同じである。日常的に夢の修行をすれば、よく死ぬための準備にもなる。

目が覚めている時には、ドアを通じてしか部屋を出ることができない。ところが夢の中なら硬く見える壁でも通り抜けられる。こういう夢の体験は、日常生活における執着を乗り越えるためにも、大変有益だ。すべての現象には実体がなく、幻影のようなものだということを、直接に体験するからである。

こうして、明知の境地を持続できるようになるとともに、煩悩にも分別にも支配されなくなる。自然の光明にとどまり、夢や意識の活動と明知を融合することができるようになる。

38　睡眠中は、どんな分別も生じることがない。

明知は母（なる法性）に融解し、法性たる本来の境地にとどまる。

睡眠の禅定が終わった後は、夢を夢として認識する。

迷妄から離れた仏身と原初の知恵が、(道を進んでいくのを助ける) 友として生じてくる。

自然の光明の境地にある時には、散失の原因となる分別は生じない。明知は母なる自然の光明に吸収され、存在の真の状態である法性たる本来の境地にとどまっているからである。

それはちょうど、一人息子が、長い間別れていた母親に会うようなものだ。生きている間に修行の中で体験する光明を「息子の光明」、また、睡眠中や特に死の時に体験するのを「母なる光明」と表現する。母なる光明においては、エネルギーの再融合が起こる。

自然の光明の後で、夢が始まる。夜の修行では、自然の光明が三昧、夢が後得にあたる。自然の光明の後も、夢を夢として認識できるなら、特殊な夢の修行や夢のヨーガは必要ない。

かくして、一切の幻想と幻影から解き放たれているがゆえに、夢は、存在の全次元たる仏身と原初の知恵があらわれるのを、助ける友として生じる。それによって、速やかに、仏身と原初の知恵を得る。

もう一回確認しよう。夜の修行をつうじて幻影を克服するための方法は二つある。

一番目は、眠っている時に、夢を夢と認識することによって、夢も目が覚めている時の体験も、幻のような性質を持っていると理解することである。日常生活はすべて幻のようなものだということに、はっきり気がつくようになるのである。

二番目は、夢や睡眠の支配から解放されることだ。ふつうは、眠っている間も、昼の日常生活と同じ要素によって影響され、薫習から生まれる夢によって支配される傾向がある。ところが、自然の光明の修行をつうじて、刹那の認識を自覚することができるようになる。それによって、夢はそのまま知恵になる。明知の持続によって、薫習の夢は減り、夢を真実の知識を見出す回路として使うことができるようになるのである。

薫習の夢は、緊張と結びついている。たとえば、幼いころに味わったひどい苦しみが、心の奥深くに刻みつけられていると、深い睡眠の中で、くり返しあらわれてくる。あるいは、今生の体験とは無関係だけれども、ひどく恐ろしい夢をくり返してみることがある。まったく同じ夢を何回も見るのである。それは過去生の薫習の夢だ。

ところが、夢を夢として自覚できれば、その中で必要な修行をすることも可能になる。しだいしだいに薫習の夢は減り、やがては消失してしまう。逆に、光明の夢が増える。

光明の夢というのは、そのときの状況（縁）と結びついて、心の本性からより直接にあらわれてくる夢である。たとえば、来年計画していることがあるとしよう。まだ来年にはなっていない。しかし、ふつうはもう何か準備をしている。ということは、その計画と関連した副次的条件（縁）が、すでに現在の状況の中に存在しているということだ。そういう副次的条件があるときには、光明の夢があらわれてきやすい。将来どんな風になるか、夢に出てくるのである。修行者にとって、教えや修行体験とむすびついた光明の夢は、特にたいせつだ。夢の中で、教えや修行法についてさらに明らかになるのである。

以上が夜眠る前に行なう黄昏の修行である。

ii 早朝の修行

39 朝は、原初の知恵をあるがままに、作り変えることなく、
修習するでもなく、散失するのでもない自然な境地にとどまる。
あるがままの自然な無分別の境地にあって静かに覚醒を保ちつづけることが、
グル・サーマンタバドラの真実の心だと知る。

もう一つ大切なのは、早朝、目が覚めた時の修行である。それは、グルヨーガのエッセンスの修行である。

目が覚めた時には、意識によって作為されていない原初の知恵が生じる。原初の知恵は、作り変えられることのない、あるがままの状態にある。その後で、意識と感覚が働き始める。それはちょうど、死者が新しい肉体の中に再生する時のようなものだ。

意識や感覚が働き始めても、気を散らさず、何かを対象にした瞑想もせず、自然の境地にゆったりリラックスする。無分別の自然な静寂のなかにとどまりつづける。そうすれば、外部の顕現や分別によって支配されることはない。

これこそが、最高のグルたるサーマンタバドラの真実の心の境地（密意 dgongs-pa）である。サーマンタバドラとは、みずからの真実、原初の心の境地、すなわち「秘密のグル」である。

明知の境地は、グルないし導師の心の境地そのものであり、同時にみずからの原初の境地とひと

しい。両者は本来分けることができない。自分の外にグルがいて、そのグルと一体になるということはないのである。かくして、師の心の境地とみずからの本来の心の境地は、不二であると認識し、自覚することこそ、最高のグルヨーガである。

実際には、朝起きたらすぐに白いア字のグルヨーガを行なうのである。「アー」と声に出しながらグルヨーガができれば、より具体的に感じることができるだろう。だが、どんな時でも発声しなければならないわけではない。状況に応じて、行じればいい。知らない人がたくさんいるところで「アー」と声を出したら、変に思われるだろう。あるいは、同じベッドに友達が寝ているのに、朝早く起きて「アー」といったら、びっくりするだろう。修行は、状況に応じて行なう必要がある。

ただ起きあがって、「アー」と息を吐き出しながらア字を観想すれば、それで十分である。その状態に一分、二分、五分、あるいは数秒でもいいから、とどまりなさい。いずれにせよ、グルヨーガを行なうことは、とても重要なポイントだ。それによって夜の修行と昼の修行を結びつけ、一つにすることができるのである。

ア字の観想を行なうだけではない。観想しながらリラックスし、判断を離れた無作為の明知にとどまる。何かを対象にした瞑想をするのでもなく、散失することもなく、真の本質にリラックスする。

40　あるがままの本質を見、修習の主体を
赤裸々に見ることによって（もその本質といえるものは見つからないから）

本質の同定から離れた、自然に生まれる原初の知恵が、明澄に静かに覚醒している。
生じるとともに解脱する不二の原初の知恵が生まれる。

このように、朝起きたら、新鮮な自覚と覚醒の境地にとどまる。そして、その自覚の主体を、赤裸々に見る。自覚し、覚醒しているのは誰か、そこに何があるのか、正面から見るのである。しかし、自覚し、覚醒している主体を見ようとしても、これだと確認できるものは、何一つ見つからない。自覚の主体、瞑想の主体は見つからない。

こうして、明晰にして赤裸々、自然に生まれる原初の知恵は、目が覚めるとともに立ち上がり、しかもそれには実体がないから、生じるとともに、みずから解脱する。明知から、たえず不二の原初の知恵があらわれてくる。

これはゾクチェンの修行において、ひじょうに大切なポイントである。ここでは、起床時について述べているけれども、実際には、この修行は、ありとあらゆる瞬間に行なうべきである。

なぜか？

明知の境地に入っており、はっきりした認識と自覚を保っていると思っているにもかかわらず、実際には、どこか朦朧としていたり、眠気が漂っていることがある。

この場合、パターン化された対応をとっても効果は期待できない。必要なのは、ただ自覚を保ちつづけることだ。そうすれば、明知に入っていくための条件が見えてくる。そういった条件は、思考や意識の働きとは関係がない。ただ、自覚を保ちつづけることによって、意識の透明な輝きが増していくのである。

これは、一般的に言えば、三昧を「新鮮にする」ための方法である。「自然に生じる原初の知恵」という表現は、この過程を指している。

41 その時、二元論による執着、一切の分別を超え、
顕現の対象世界から離れた無分別の原初の知恵が、透明に輝き出る。
認識していることによって、汚染されることのない光明の原初の知恵が、透明に輝き出る。
不二であるから、楽であるような原初の知恵が、透明に輝き出る。

このように、朝目が覚めるとともに、不二の原初の知恵が生じ、生じるとともに、自然にみずから解脱する。その瞬間、「客観世界」としてあらわれる通常のカルマの顕現を超え、また、一切の二元論的思考を超越している、無分別の原初の知恵が輝き出す。

この知恵は、まったく、分別によって歪められていない。そのような自覚と認識の中にとどまりつづける。それによって、分別の汚れによって汚染されない光明の原初の知恵が輝き出る。

主体、客体の二元論に陥ることがないから、大楽の原初の知恵が輝き出る。

空性、光明、楽の体験に結びついた知恵があらわれてくるのである。

42 一切の法は、法性そのものだと悟るから、

あやまつことのない原初の知恵が、この上なく透明に輝き出る。
一切の原初の知恵が円満に透明に輝き出るから、
三身が、自然に、この上なく透明に輝き出る。

さらに、一切の現象はそのまま法性である、と悟っているがゆえに、無謬なる原初の知恵が、明瞭にあらわれてくる。

かくして、個物をその個別の性格において知る量の原初の知恵（ji snyed ye-shes）が、明白となり、本来具有の三身、すなわち無窮なる存在の三つの次元の三身が、赫々とあらわれてくる。真の本質たる三身を、明々白々に悟る。

五　修行のもたらす利益

43
このようなヨーガの心髄を、昼となく夜となく行じ、
大いなる車輪のごとき三昧に集約するなら、（心の連続体は）錬磨され、
道において立ちのぼる煩悩（も有益なものとなり）、三身（の悟り）によって、
虚空に満ち満ちる生きものの益をなすことは、計り知れない。

このように、昼となく夜となく修行すれば、生活のすべてが三昧になる。身体、言葉、心、周囲

の環境、すべてが三昧の中で一つになる。しだいに三昧に慣れ親しむとともに、煩悩によって支配されることはなくなる。煩悩も、道を進んでいく上で、有益なものとして生じるようになる。また、法身、報身、変化身の三身、すなわちみずからの存在の三つの次元をつうじて、利他を実現できるようになる。

44　錬磨の程度（をしめすしるし）は、夢を夢と自覚すること、幸福への愛着や苦しみへの厭悪によっておおわれることがなく、平等性の境地にあること、原初の知恵が生まれることによって一切の顕現が（道を進むのを助ける）友として生じること、迷妄の流れが断ち切られ、法性たる本来の境地にとどまることである。

修行がどれくらい錬成されたか、その進み具合は、とくに、夢をつうじて測ることができる。夢をどの程度支配できるか、睡眠中、夢を夢として自覚することがどれくらいできるかによってわかる。修行によって、日に日に執着を克服するから、善であれ悪であれ、夢のなかのように等しいものになる。楽や苦の感情によって支配されることなく、概念や判断によって覆われることのない平等な本来の境地にとどまりつづけるようになる。

原初の知恵が生じているので、体験であれ夢であれ、すべての顕現は友として生じ、道を進む助けとなる。道の途中で出会うものは、何であれ、修行を進めるために役立てることができる。幻影の流れを断ち切り、存在の真のありようたる法性にとどまる。

45 そのようなアティヨーガの修行者は、
昼も夜も、法性たる本来の境地から動くことがないから、
一息のうちに成仏するといわれると、
大いなる主、ガーラップ・ドルジェはおっしゃっている。

高い達成を得たゾクチェンの修行者は、存在の真実のありようである法性の境地にあって、昼も夜も三昧から動くことがない。「動くことがない」(ma g・yos)というのは、この覚醒の境地が確立された様子を表現している。かくして、この世界を去るときも、再生のバルドに入ることなく、一息のうちに、ブッダの悟りを得ることができる、とゾクチェンの祖師であるガーラップ・ドルジェは説いている。

46 道において立ちのぼってくる煩悩や、一切の法は、分けることのできない一体をなしている。
法性の本来の境地にとどまり、一切を明知の境地において認識し、対象として概念化しない。
無知(の本質)は無分別だと認識することによって、
(すべての現象は)法性たる真如として顕現する。

明知すなわち法性の境地にとどまっているので、もう煩悩に支配されることはなくなる。では、

道の途中生じてきた煩悩はどのように活用されるようになるのか、ここからの頌は、三つの根本煩悩について、順番に説明している。

最初は無知である。

現象を善悪に分けることなく（chos kun dbyer med）、法性たる本来の境地にとどまること、それが「一味」（ro-gcig）の意味である。何であれ、概念化しない。そうすれば、すべての現象は明知と分けることのできないその表現としてあらわれてくる（kun rig dmigs-med）。それによって、無知の煩悩は浄化され、無分別の知恵となる（mi rtog-par ngo-shes-pa）。かくして、明知の境地にとどまり続ける。

明知の境地に、無知の煩悩が生じてきても、それを分別することなく、あるがままに放置する。そうして、無分別にとどまりつづければ、一切の現象は、存在の真の状態（法性）である真如としてあらわれてくる。原初の知恵は、空であると同時に自然状態で完成しているエネルギー（任運成就）でもあるから、法性たる真如として「顕現」するということができる。

47　六識の対象として顕現する一切の法すべては、
透明に現出し、無自性にとどまったままだから、
怒りの本性は、光明だと認識することによって、
（怒りは）光明の原初の知恵そのものとして顕現する。

ここでは怒りについて説明している。

六識の対象としてあらわれてくるすべての顕現は、光明において存在しており、一切の実体を欠いている。実体はないけれども、法性として存在しているのである。

怒りが生じてきた瞬間、それは光明としての性質を持っていると認識する。それによって、怒りの煩悩は浄化され、光明の原初の知恵としてあらわれてくる。

48　外なる顕現は法性にして、内なる明知は原初の知恵、
　　不二の大楽は、慈悲のエネルギーそのものだから
　　貪欲（の本質）は、大楽の力能であると認識することによって、
　　自然状態において完成しており、無辺であるような大楽の原初の知恵が顕現する。

この頌は貪欲を主題にしている。

外部にあらわれるすべての顕現は、法性にほかならないし、内なる明知は、そのままで原初の知恵である。

しかし、この両者——法性と明知——は、究極的な意味において、別のものでも切り離されて存在しているものでもない。だからこそ、融合が可能になる。外部と内部の区別を乗り超えることができるのである。外部と内部に境界はないという悟りとともに、不二なる大楽（マハースカー）が生まれる。

貪欲の煩悩の本質は慈悲のエネルギーだから、大楽のエネルギーであると知る（bde-chen rtsal

du ngo-shes)。かくして、自然状態において完成している無限の大楽の原初の知恵が、あらわれてくる。

このように、煩悩は道において活用することができる。

49　三身の門から、生きものを利益することが生まれ、
煩悩、三毒は、仏身と原初の知恵として
円満に顕現するから、そこから生まれる一切は、
仏身と原初の知恵そのものである。

すべての迷える生きものを益する力は、みずからの存在の三つの次元（三身）を育てることによって実現される。どんな有情であれ、身体、言葉（エネルギー）、そして心の働きという三つのレベル（三業）からできあがっている。それらが浄化されることによって、三身を得る。みずからの本質を完全に悟ることによって、その悟りの内実が、さまざまな形であらわれてくる。それもすべて、三身、すなわち存在の三つの次元の表現なのである。

変化身は物理的な次元ないし身体を、報身は微細なエネルギーの次元を、法身は存在そのものの次元とそこに内蔵されている原初の知恵を、それぞれ意味している。

この段階では、三つの煩悩の毒は、もはや毒とは呼ばれえない。煩悩から生じる通常のカルマの顕現は消滅する。かくして、この悟りの境地においては、煩悩も、存在の次元（仏身）と本来具有

の原初の知恵として、その完全なありようで、あらわれてくる。そこから生じてくるものはすべて、存在の全次元（仏身）と無限の原初の知恵そのものである。

50　煩悩がないから輪廻の因から離れている。
それをニルヴァーナと呼ぶけれど、（それは単なる寂ではなく）
無作為にして、自然状態で完成している一切のすぐれた徳の集積が、
太陽が空に昇るがごとく、透明な光として輝き出る。

ここでは、究極の結果について書いてある。もはや、煩悩はそれ自体としては存在せず、また、煩悩の原因が完全にとりのぞかれたので、輪廻転生を超えている。ニルヴァーナの境地に至ったのである。

ニルヴァーナという言葉は、「苦しみを超えている」という意味だ。この言葉を聞くと、まるでどこかに到達したり、何かを獲得したように思うかもしれない。しかし、本当は何か到達点があるわけではないし、獲得するものがあるわけでもない。ただ、原初の心の土台にもともとそなわっているすぐれた特性が、自然にあらわれてくるようになったのである。そういった特性は、修正したり、変えたり、作り出されるのではなく、自然状態において、もともと完成している。

何も変えたり、修正したり、変化させたりする必要はない。一切は、原初の境地の自然な表現であり、あるがままで完全だ。もともとのはじまりからそなわっていたものが、今発現するようにな

った、というだけのことだ。それはちょうど、雲がなくなれば太陽があらわれてくるのと同じである。これが透明な光（光明）という言葉の意味である。

六　修行者の持っているべき特性

51　この方法は、信仰、精進、覚醒（臆念）、三昧、般若の知恵の能力を備えている者たちが行ずるのにふさわしい。

このように、最高の乗り物において教えられているとおり、好適なよい条件が円満に完成するように、知るべきである。

最高の乗り物であるゾクチェン、アティヨーガの修行は、五つの優れた特性をもつ修行者に向いているという。

（1）修行をしようという意志、すなわち信仰（dad-pa）
（2）修行に精進すること（brtson-'grus）
（3）覚醒ないし自覚（dran-pa）
（4）三昧（ting-nge'dzin）
（5）知性ないし知恵（shes-rab）

この五つの特性がすべてそろっている必要がある。そういう能力が欠けているなら、よく考え、行動することによって、能力を成長させ、修行にふさわしい条件をととのえていく必要がある。そうすれば、ゾクチェンを修行するという最高の機会を取り逃がすことはないだろう。

七　結　論

52　この言葉、サーマンタバドラたるガーラップ・ドルジェの
真実の心の境地の精髄をいささか文字に書き記した善根によって、
我と虚空に満ちる我に縁ある者たちが、ひとり残らず、
速やかに勝利者たるサーマンタバドラの悟りを、得ますように！

大乗においては、利他心がかならず必要である。それに加えて、空性の理解と、すべては幻のような成り立ちをしているという理解も欠けていてはならない。そのため、締めくくりにあたっては、行為によって積んだ功徳を、すべて利他のために捧げる（回向する）必要がある。

かくのごとくして、導師ガーラップ・ドルジェの教えの精髄の甘露を、いささかながらここに明らかにした。この教えと出会ったものすべてが、サーマンタバドラの真実の心の境地、すなわち、すべての生き物に本来そなわっている原初の境地を悟ることができますように！

Ⅳ　はじまりの叡智

一　青空の瞑想

ゾクチェンの哲学も修行法も、チベットにおいては、ごく限られた修行者の間で伝承され、今世紀の後半にいたるまで外部の世界にはまったく知られていなかったといっていい。日本でその名前が知られるようになったのも、ようやくこの十数年のことにすぎない。ここでは、日本語版の読者のために、中心の修行である青空の瞑想と白いア字のヨーガにしぼって、すこし解説を加えることにしたい。

昼間の修行は、理解、確立、進歩の三つの主題にまとめられている。「理解」は、三昧のなかで心を観察し、空であるとともに清明な輝きにみちている心の本性のあり方を理解することである。青空の瞑想は、そのつぎの「確立」の段階における修行である。青空を見つめ、それと一体になるこの瞑想は、仏教のほかの伝統にはみられないゾクチェン独自の瞑想法であり、ボン教の伝統のなかでもとても大切にされている（たとえば、ボン教のゾクチェン修行について体系的に書かれた代表的な口伝書であるドゥ・ギェルワの『勝利者の口伝』rgyal-ba'i phyag-khrid などに、それは見られる）。

真っ青に澄みわたった空を見つめることが人間の精神におよぼす影響は、とくに瞑想の体験がなくても、たやすく理解できるだろう。何にもさえぎられることのない大空を見つめているうちに、心のなかに、同じく広大無限な空間が開かれてくる。心のなかを占めていたさまざまな雑念や煩悩が青の無限のなかに溶けていき、ゆったりと落ち着き、さっぱりと晴れ晴れとしたこころもちになる。自己と他者、内部と外部の区別は溶けてしまい、ひろびろとした無限のなかでひとつになる。青空には、海や山や森などと同じく、わたしたちの心をその原初のありように開いていく力がある。ゾクチェンの青空の瞑想は、精神と自然の根源的一体性をもとに、自然が人間の精神におよぼす力をたくみにもちいたものだといえる。

興味深いのは、これと同じ瞑想法が、オーストラリアのアボリジニーにも見られることだ。学問の世界でこの事実をはじめて指摘したのは、比較宗教学者のナンディスヴァラである。インドのマドラス大学で比較宗教学を講じるとともに、みずからもテラヴァーダ仏教のヴィパサナ瞑想の達人であり、シュリランカのマハーボディ協会の会長でもあるナンディスヴァラ師は、一九八〇年代にオーストラリアで行なった人類学調査のなかで、仏教やヴェーダンタ哲学とも深い共通性をもつアボリジニーの深遠な霊的伝統と出会ったのである。

オーストラリア大陸は、ほぼ三万五千年にわたって、ほかの大陸から隔絶された歴史を持ち、独自の発展をとげてきた。ところが、そこに住むアボリジニーたち——最近の研究によれば、少なくとも五万年前からの居住が確認されている——の霊的伝統は、不思議なことにチベット仏教などと深い共通性をもっているのである。そのことを最初に指摘したのは、一九四〇年代に行なわれたエルキンの研究だった（A.P.Elkin, *Aboriginal Men of High Degree : initiation and sorcery in the world' s oldest tradition*, University of Queensland Press, 1977）。とはいえ、エルキンの場合、イニシエーションにおける解体体験やテレパシーや猛烈なスピードで移動する速歩法といった超常的な現象面に興味の中心があり、本質の理解からはまだほどとおいものだったといえる。

これに対して、ナンディスヴァラは、アボリジニーの長老との深いコミュニケーションをつうじて、その霊的伝統のエッセンスに直接はいりこむことに成功したのである。「夢の時間、神秘主義、解脱――オーストラリアのシャーマニズム――」（"The Dreamtime, Mysticism, and Liberation: Shamanism in Australia" in "Shamanism" compiled by S.Nicholson, The Theosophical Publishing House, 1987）と題された論文のなかで、ナンディスヴァラは、オーストラリアのアボリジニーがブッダやパタンジャリ、十字架の聖ヨハネに代表されるような世界の神秘主義と深い共通性のある哲学と実践の体系を持っていることを鮮やかに示している。

よく知られているように、アボリジニーの霊的伝統は、「夢」または「夢の時間」（dreamtime）と呼ばれる体験のまわりをめぐっている。この言葉は、とてもひとことでは言いつくせないような、深く、また多義的な意味を持っている。アボリジニーは、アメリカ・インディアンと同じく、夢とヴィジョンを区別しない。また、夢見そのものと、夢の中で出会うさまざまな神的存在も、同じ言葉で呼ぶ。「夢」は、おおまかに、日常的な意識を超えた光に満ちた意識や変成意識、そしてそのなかに出現する聖なる光の存在やそのメッセージを意味している。時間を超えた「夢」のなかで、アボリジニーたちは、宇宙創造に深くかかわる「虹の蛇」や祖先や土地の神と出会い、メッセージを受け取り、その知恵と法にしたがって生きてきたのである。

彼らの「芸術」もその夢と深くかかわっている。儀式的に描かれる絵のテーマは、地域によって大きく異なっているけれども、そのいずれも、「夢の時間」からやってきたものと信じられているのである。(たとえば、わたしたちの行なった調査によれば、年に一回中央オーストラリア北部の秘密の洞窟で描かれる雨の女神の姿は、「夢の時間」に直接由来し、その更新によって、雨の女神と人間は創造の時間との結びつきを新たにすると考えられている。)

最近では、ジンジャー・ライリーをはじめとするアボリジニー画家によって、虹の蛇やカンガルーのダンスといったモティーフは、キャンヴァスに固定されるようになった。それらはすべて「夢の時間」をめぐる体験や神話に深く結びついており、その象徴的意味については、いまでもあまり深く教えないのが普通だ。じっさい、アボリジニー文化の全体は、この「夢の時間」を中心に、そこから放射された光の知恵の織物だということができる。

現在では、アボリジニーも、たいていの場合、伝統的な生活と現代的な生活の二重生活をしている。夜になると、昼間着ているスーツやカウボーイハットを脱ぎ捨て、大地がいかにして「虹の蛇」によって創造されたかを語る神話を歌い、大地の神との絆を確認する儀式のなかで光に満ちた神々に出会う。現代的なテクノロジーが浸透している地域においても、アボリジニーの一生は、「夢の時間」からけっして切り離すことができない。

わたしたちにとって興味深いのは、宇宙を創造した祖先神と出会うアボリジニーの「夢の時間」

ナンディスヴァラによると、じつはこのアボリジニーの「夢の時間」は、インドでいうサマーディ(三昧)と体験的に同じであり、たぶんそれを生み出した母胎のようなものなのである。

の瞑想、とくにそのエッセンスが、ゾクチェンの青空の瞑想と、そっくり同じだということである（この点については、中沢新一『三万年の死の教え』一九九三年、角川書店でも触れられている）。

アボリジニーの長老は、もうあと何年かで自分の寿命がつきることを感じると、部族生活から引退し、出家して独身にもどる。そして、山の中にこもって、ひたすら真っ青に広がる大空を見つめる瞑想をはじめるのである。

部族の霊的生活を導いてきた長老は、それまでにも、若い頃から、イニシエーションのなかでからだを切り刻まれ、ヴィジョンのなかで姿をあらわした先祖によって、第三の目のチャクラに水晶を埋め込まれたり、ドラムやブルローラーの強烈な音を使った儀式などをつうじて、光に満ちた神々と出会う体験を積み重ねている。そういう神秘に満ちた一生のいわばクライマックスとして、真っ青な無限に開かれた大空に意識を溶けこます瞑想を行ない、肉体の殻から解き放たれる死の瞬間、無限と一体になる準備をするのである。じっさいアボリジニーたちにとって、死とは「無限のなかに生き続けること」にほかならない。

転生を信じ、複雑なテクノロジーを拒否することによって、単純で自然と調和した生活スタイルを意識的に選び――空中歩行やテレパシーの能力のおかげで、電話や現代的な交通手段の必要性を感じないのだろうとナンディスヴァラは指摘している――死のまえには山中で青空の瞑想にはげむ彼らの生き方は、ゾクチェンを生み出した伝統のあり方を彷彿とさせるものだ。ゾクチェンのもっとも古い層に属すタントラ経典には、こう書かれている。

(死の瞬間)根源的な無限の空間とそこにあふれ出してくる原初の知恵の光が一体であるような境地に入るためには、明知を、これから説明するように集中するべきである。まず、からだは、ライオンの姿勢をとりなさい。明知は目と一体になるようにしなさい。そのまま、目と意識は目の前の空間を道とするようにしなさい。法界と明知が不二である境地から動かなければ、一瞬にして、もともとのはじまりから清らかなブッダの境地にいたることは、まちがいない。

(中略)

中間の能力を持つものは、野獣のように、山の上で、あるいは人里はなれた谷で死ぬ。中間の能力を持つヨーガ行者は、雪山の上で死ぬライオン、誰の死体か知るものとてない乞食、あるいは子どものごとくに死ぬ。

ダーキニーや持明者のように死ぬものたちは、みずから燃え尽きるたきぎの山のように、あるいは、こわれた壺から空中に立ち上る不可視の蒸気のように死ぬ。心身を構成するすべての原質は、その本質に溶けいる。なにひとつ現象するものはなく、つかめるものもない。これこそ、最高のヨーガ行者の死に方である。

かくのごとく修行することによって、自然に本来の境地を悟ることができる。

この死についての口伝を知ることによって、からだから意識を転移させるための知識のエッセンスが得られる。

(中略)

かくして、すべての恐れをこえ、肉体の欲望をこえ、ヨーガ行者は死ぬべきである。
(『太陽と月の和合』タントラ　nyi zla kha sbyor gyi rgyud)

ゾクチェンのタントラ経典では、仏教的な言葉使いで表現されているというちがいはあるけれども、チベットとオーストラリア、遠い空間をへだてながら、ゾクチェンとアボリジニーの哲学と実践は、まるでおたがいに呼びかわすこだまのように交響しあっている。このような深い共通性はどこから来るのだろうか?

ひとつの理由はとても単純だ。どちらの伝統も、生命と意識の根源に達している思想と実践の体系だからだ。

ゾクチェンの哲学によれば、もともとすべての生命は、存在論的土台においては、ひとしく完全な完成状態にある。なにか作為したり、努力したりする必要はない。空であるとともに新鮮な叡智の光をたたえたその土台において、すべては、無為、無努力のまま、自然のままで、最初から完全な完成状態にある。大切なのは、その土台を悟ることだ。ブッダの悟りは、顕教におけるように、一歩一歩功徳と知恵を積み重ねることによって、つくりあげていくようなものではない。「ゾクチェン」という表現は、このように、存在論的土台があるがままで「完全に完成している」ことを、もともと意味しているのである。

なんであれ、ことの本質に触れているような認識や思想はすべて、この存在論的土台からやってくる。だから、存在の根源に達している思想や哲学であれば、深い共通性を持っているのは、あたりまえだといえる。

けれども、もう一つ別の理由を考えることもできる。叡智の伝統は、わたしたちがふつう考えるよりも、ずっと古い起源を持っているのではないか、ということだ。

現代のわたしたちは、テクノロジーの発達と文化、文明の進化を同じものとして考え、進化論的パースペクティヴのなかでものを見ることに慣れている。たしかに、近代におけるテクノロジーの飛躍的発達には、それなりの理由があったのだろう。

しかし、テクノロジーの高度化や物質的豊かさと文化の高さを同一視したり、歴史を過去から現在、未来に向かう線形的・一元的な「進化」としてみることには、なにも根拠がない。都市国家の成立とともに、シャキャムニ・ブッダやソクラテス、孔子らが同時多発的に出現した紀元前六—五世紀を画期と考える人類の精神革命論も、この進化論の枠組にしばられたものだ。わたしたちは、人類の歴史について、こういう進化論の色メガネをきっぱり取り払って見てみる必要があるだろう。ゾクチェンの起源をめぐる伝承は、このことについて考えるうえで、とても大きなヒントを与えてくれる。

英語版の序文でも書かれているように、現在ニンマ派で伝承されているゾクチェンの教えは、ガーラップ・ドルジェに由来するとされる。ガーラップ・ドルジェがいつごろの人かについては、計算法によってちがいがある。より歴史的信頼性の高いセムデの資料によれば、紀元後三世紀ごろにあたるとも考えられる。だが、いずれにせよ、シャキャムニ・ブッダよりもあとの人物であるという点については、一致している。

ところが、『ニンマタントラ全集』におさめられているゾクチェンの最も古い層に属する重要なタントラの多くは、もともと、ガーラップ・ドルジェ以前のゾクチェンの導師によって説かれたとされているのである。

たとえば、ロンデの最も重要なタントラである『ロンチェン・ラプジャム』(klong-chen rab-byams rgyal po'i rgyud「一切に遍満する大いなる法界」)はシャキャムニよりも五千年以上前に出現したブッダであるンゴンゾク・ギェルポによって、また、メンガギデの最も重要なタントラ『ダテルギュル』(sgra thal 'gyur-pa'i rgyud「音を超越した」)や『リクパ・ランシャル』(rig pa rang shar「明知が自然に現出する」)は、さらにそれよりもはるかに以前のブッダであるナンワ・ダムパやトプデン・チェンポによって説かれたとされる。彼らの年代は、ボン教のゾクチェンの創始者であるシェンラップ・ミヲチェよりもさらに過去にさかのぼるのである。

また、タントラでは、どういう場所で説かれたかもたいせつな意味を持っている。『リクパ・ランシャル』タントラの場合、きわめて具体的に、シュメール山――これは現在のカイラシュ山にあたると考えられる――北方の「燃え上がる火山」と呼ばれる屍林で説かれたと書かれている。これはインド由来の後期密教タントラが寒林と深く結びついていることとも対応しているけれども、さらにそれにとどまらず、アボリジニーのイニシエーションが墓場で行なわれることが多いことをも連想させる。

じっさい、後期密教とアボリジニーのシャーマンの伝統は、この点をめぐって、不思議な一致を見せているのである。仏教は、寒林と深く結びついて発達したが、後期密教は、そこに内蔵されていた思想的可能性を極限にいたるまで展開した。後期密教のタントラは、善と悪、浄と不浄といったあらゆる観念の限界を乗り越えていこうとするラディカリズムに貫かれている。そのために、後期タントラの行者たちは、ほとんど無一物で放浪し、時には、人間の死体が散乱し、それを求めて肉食動物たちがたむろする寒林において、あえて「狂気」と見なされる行為や成就法を行なった（これはかならずしも仏教にかぎらない。ヒンドゥー、ジャイナ教でも同じである）。日常的な意識や文化と結びついた二元論を、ひとたび破壊することなしには、存在の本源にたどりつくことはできない。そのため、後期密教は、そういった二元論的な執着を徹底的に放棄する行為をその戒律（vrata）とした。ところが、アボリジニーのメディシンマンのイニシエーションにも、それとほとんど同じといっていい「狂気の」行為が組み込まれているのである。こうして、わたしたちは、アボリジニーの伝統と後期タントラに通底する不思議な共通点に気づかされずにはいられない。

それだけではない。ゾクチェン最古のタントラの一つである『ダテルギュル』（sgra thal 'gyur pa'i rgyud）には、ゾクチェンの教えが説かれている一三の浄土——そのいずれの名前も「超越」（thal ba）という言葉をふくんでいるため「一三の超越」と呼ばれる——について、描かれている。浄土から浄土への移動の詳細な道筋をふくめ、その臨場感あふれる描写は、トポロジカルなねじれをはらんだ星間旅行さながらのイメージをヴィヴィドに喚起するものだ。

いずれにせよ、とてもはっきりしているのは、ゾクチェンのタントラが文字として表現されるようになった時点で、すでに、そこに表現されている教えは、想像を絶するような遠い過去のブッダたちに由来し、自分たちが生きている場所をはるかに超えた巨大なパースペクティヴのなかにあるものだと考えられていたということである。アボリジニーの霊的伝統と考えあわせると、わたしたちは、このようなゾクチェン・タントラの記述を一九世紀風の進化論や歴史主義から解き放ち、正面から受け止めたほうがいいように思われる。

アドルノとホルクハイマーは、技術的・合理的知性の自律的発達と自然支配の拡大が、人間の叡知の破壊や愚鈍化、さらに全体主義や管理社会化と表裏一体に結びついてきた西欧的知性の歴史の過程について、古代ギリシアにまでさかのぼって解明し、それを「啓蒙の弁証法」という言葉をつかって表現している（Adorno u. Horkheimer, *Dialektik der Aufklärung*, Surkamp, 1947 邦訳『啓蒙の弁証法』一九九〇年、岩波書店）。

彼らの仕事は、その思考の徹底性と射程の長さにおいて、現在、もっともすぐれたもののひとつだ。じっさい、わたしたちは、ユーラシア大陸の西のはじで始まった「啓蒙の弁証法」の全地球的拡大によって、外的・物質的な豊かさとうらはらに、生存の土台となる自然の環境の破壊、そして内的貧困の極限にいたりつつある。

人間の行為は、認識と結びついた情動のエネルギーから生まれる。その行為の織物から社会は生み出され、ぎゃくに社会の仕組みによって人間の意識のありようは制御される。自然を破壊し、精神を破壊し、人間の可能性を開くための回路を破壊するような行為の仕方を変えるためには、ものの見方や情動のあり方を変える内的革命が必要だ。アドルノとホルクハイマーの仕事は、わたしたちの現在を生み出した思考や情動のパターンや文化――それは基本的に無意識になっている――や、それを維持しつづけるために使われてきた手法を、起源から問い直すという大きな意義を持っている。

どんな文化も、明知と無明の両面を持ち、その複雑にからみあった織物として存在している。明知から直接立ち上った知恵が、歴史的環境の中で表現され、人間の行為を明知の理解へと導く。その一方で、文化は、特定の観念や表象の体系の中に人間の意識をつなぎとめ、情動を誘導するという意味において、なんらかの迷妄をもかならずはらんでいる。そして、その根底には、内部／外部、快／不快の二元論によってつき動かされている生物の「無明」が横たわっている。「啓蒙の弁証法」は、西欧におけるこの二重の無明の歴史的な展開をきわめて明晰に分析することに成功している。

けれども、わたしたちは、それをさらにゾクチェン＝アボリジニー的観点によって、より広い人類史のなかに置き直して考えてみる必要があるだろう。

「仏教」と呼ばれる巨大な運動は、人間をこの二重の無明から解放するはじめての自覚的運動だったといえる。そして、わたしたちの考えでは、この人類の叡智は、古代ギリシアよりも、インドにおける都市国家よりも、はるかに過去にさかのぼる長いパースペクティヴを持っているのである。人類は、たぶんそのはじまりの時から、技術的・操作的理性よりも、「教養」よりもはるかに広大で、それをみずからの一部として包みこんでいるような、無限性をはらんだ叡智を開くことを生の中心的課題とする、哲学と実践の体系を生み出してきたのである。現在の人類を覆っている無明を乗り越え、突き抜けていく思想や社会の運動は、この根源的叡智への還帰やその新たなよみがえりとして生まれるだろう。

人間の愚かさや破壊的な情動も、青空の瞑想をつうじて開かれる無限のなかに散逸され、ひろびろとした空間から、新鮮な光に満ちた叡智が生まれてくると、太古のブッダたちは教えた。ゾクチェンの教えは、太古のブッダたちのはじまりの叡智の息吹きを、師から弟子へと伝えられてきた生きたかたちで、現代に送り届ける。

二　ア字の真実義

夜の修行の中心となっているのは、白いア字とティクレを使ったグルヨーガである。注釈の中でくわしく説明されているとおり、ポイントは、菩提心ないし明知を象徴する白いア字とそれを取り囲む五色の光の円輪（ティクレ）を、心臓のチャクラまたは額に観想することである。

日本の読者にとって興味深いのは、これとよく似た修行が、日本の真言宗に伝承されてきたことだろう。真言宗の阿字観の場合、月輪と蓮のうえに悉曇文字の阿字――これは、行者、ブッダ、有情に共通な菩提心、「不生」の真実義を象徴している――を観想する。最初は、目の前に月輪と蓮と阿字が描かれた図を置いて、それに意識を集中する。それが上手にできるようになったら、今度は肉団心（心臓）に観想する。月輪と五色のティクレのちがいをのぞけば、ゾクチェンのグルヨーガとそっくりだといってもいい。

この阿字観の根拠は、『大日経』だといわれるけれども、実際には、『大日経』のなかでは修行法としてあまりはっきり説かれていない。空海が中国で口伝を受けて弟子に伝え、日本で発達整備されたものと考えたほうがいいのだろう。

わたしたちの考えでは、この阿字観とゾクチェンのグルヨーガがよく似ているのには、はっきりした理由と大切な意味があるのである。

阿字観の根拠となっている『大日経』は、行タントラ（チャリヤタントラ）に属す代表的な密教経典である。チベットにおいても、八世紀（翻訳は九世紀初頭）から綿々たる相承がつづき、その哲学や修行法についての註釈も存在している。たとえば、ゾクチェンの見解を、当時インドで流行していたヒンドゥー教や仏教のほかの体系との関係のなかで説いた口伝のなかで、チベットに密教をもたらしたグル・パドマサンバーヴァは、行タントラが瞑想においてはヨーガタントラ、浄化や占星術に関係した行為においては所作タントラ（クリヤタントラ）と共通する中間性をもっていることを指摘しながら、こんなふうに述べている。

行タントラの乗り物の見解は、勝義諦においては不生、不滅である。その不生不滅なる空性から、世俗諦である本尊の形ある仏身を観想する。四つのポイントによって修習する三昧と、さまざまな行為と縁起の両方にもとづいて、成就を得るのである。

（『秘訣の見解の環飾り』man ngag lta-ba'i phreng-ba）

パドマサンバーヴァにはじまり、チベットで発達した密教の分類法によれば、行タントラとゾクチェンの方法や説き方には、はっきりしたちがいがあると考えられている。そこで、ここでは、その中間に位置するマハーヨーガ、アヌヨーガをなかだちにして、阿字観と白いア字のグルヨーガの関係について考えてみることにしよう（仏教の九つの乗り物の分類について、くわしくは英語版序文を参照）。

マハーとアヌをなかだちにするのには、大きく二つの理由がある。

ひとつには、ゾクチェンは自然なプロセスを尊重し、大日経に見られる壮麗なマンダラの儀軌や細かい所作にはほとんど関心がないし、本尊を観想する修行も行なわないため、両者を直接比較することはむずかしいからだ。これに対して、マハー、アヌは本尊とマンダラの観想を不可欠の要素としており、行タントラとも多くの共通性を持っている。そのため、両者の中間に位置するものとして比較がしやすいのである。

二番目の理由は、マハー、アヌともに、見解としてはゾクチェンとほぼ同じであり、その修行を完成することによってマハームドラーないしゾクチェンの境地にいたるとされているからだ。

マハーヨーガ、アヌヨーガの修行は、本質的にはそれほどちがわない。いずれも、空の状態から光のイメージを生みだし、本尊を観想する生起次第の修行と、チャクラや脈管に意識を集中して真言をとなえ、本尊と一体になり、空性に融解していく究竟次第からできあがっている。

ただし、マハーとアヌは、より外的か内的かによって区別される。マハーヨーガの場合、より複雑な観想を行ない、外的なマンダラやそれと深く結びついている四つの行為――息災、増益、敬愛、降伏――の儀軌に重点がある。これに対して、アヌヨーガはより直接的で、神経生理学的中枢であるチャクラを用いる内的なマンダラやクンダリニー・エネルギーの修行を中心にする。その意味で、マハーヨーガは生起次第中心であるのに対して、アヌヨーガは究竟次第中心だとされる。

興味深いのは、マハーとアヌのエッセンスの修行が、さらに「方便の道」と「解脱の道」の二つにわかれていることだ。このうち前者は、さきほど触れたクンダリニー・ヨーガの修行であり、その細部によってさらに「上の門」と「下の門」にわかれる。それに対して、わたしたちの現在の関心から見たときより重要なのは、後者の「解脱の道」である。この「解脱の道」においては、本尊の観想や生命エネルギーの制御は、ほとんどまったく行なわれない。自然なプロセスにしたがうことによって、自由な解放状態にある心の本性を体験する。

こうして見てみると、たいへん面白いことに気がつく。マハー、アヌは本尊の修行を手がかりにして、煩悩を変化させる「変容の道」に属するとされる。けれども、そのなかには、ゾクチェンと一致する「解脱の道」の自然なプロセスの修行が組み込まれているのである（逆に、ゾクチェンの修行には、クンダリニーヨーガのエッセンスが組み込まれている）。このように、マハーとアヌの修行は、ゾクチェン＝アティヨーガと部分的に重なりあいながら、その修行の完成によってゾクチェンの見解を悟るように、たくみに構成されている。

では、行タントラである『大日経』はどうだろうか？　まず、マハーヨーガ、アヌヨーガとの共通性について考えてみよう。『大日経』のなかには、「生起次第」「究竟次第」という表現はない。けれども、チベット的観点からすれば、その萌芽形態にあたるものは、すでに行タントラをはじめとする外タントラにも立派に存在していると考えられる。

その一つの理由は、菩提心を象徴する種字や三摩耶形、本尊を、宇宙大にまで拡大・増殖させたり、ぎゃくに空無にむかって収斂させる広観、斂観の存在である。一四世紀チベットの天才的学僧にして成就者だったギェルワ・ロンチェンパは、所作タントラについて、広観、斂観こそ生起次第、究竟次第の萌芽であることを指摘して、こんなふうに述べている。

（身体、衣服の清浄を中心にする流儀と、観想を中心にする流儀のうち、後者は）生起次第と究竟次第の萌芽形態として、広観と斂観の観想によって本尊の修行をする。そして、目に見える現象、耳に聞こえる音、心にわきおこってくる思考はすべて本尊であるブッダの体、言葉、心だと観想するのである。（『至高の乗り物の宝蔵（テクチョーズー）』theg mchog rinpoche'i mdzod）

二番目は、神経生理学的中枢であるチャクラをもちいたヨーガの存在だ。『大日経』の「秘密曼荼羅品」をおもな典拠にする五字厳身観（五輪厳身観）では、地、水、火、風、空の五つのエレメントを象徴するa, va, ra, ha, khaの五字を、尿道、へそ、胸、眉間、頭頂に観想することによって、大日如来と一体になる。この五字厳身観は、内タントラにおける究竟次第と深い対応関係にある。

密教は、儀礼的想像力をつうじて、意識と生命の本質にせまろうとすると、よくいわれる。けれども、こうして見てみると、その一方で、そこには複雑な儀式をつうじてではなく、外部から内部へ、直接、真実のエッセンスに入りこんでいこうとする志向性も秘められていることがはっきりわかる。華麗で力強い外護摩の儀式や神仏習合によるパンテオンの拡張が、外にむかって無限に拡大していく運動の表現だとすれば、五字厳身観や阿字観や内護摩は、そのエッセンスに内向し、収斂していく志向性を体現している。本質はひとつだ。けれども、その表現は異なっている。二つの異なる側面がおたがいにおぎないあうことによって、密教のダイナミックな総合性を実現している。

チベットにおける密教の分類法では、このような内的エッセンスにむかう志向性に重点を置き、その意味を深めることによって、密教タントラはさらに「高度の」タントラに接続されるのだという。直接性にむかう内面化は、同時に高度化の過程なのである。複雑な本尊の観想もチャクラの観想もとくに行なわない阿字観は、そのような本質に直接むかおうとするタントラの志向性を象徴している。この観点からすれば、真言密教において阿字観が発達したのは、必然的だったと考えられる。

一三世紀の真言宗中興の祖、興教大師覚鑁上人は、このような簡素化にむかうダイナミックな密教の志向性を、日本の中で、きわめて明快に理解し、発達させた代表的な人物だといえる(浄土往生を真言の即身成仏の体系の中にしっかり位置づけたことにくわえ、後世に大きな影響をのこした上人の著述が、五字厳身観、阿字観そして月輪観をテーマにしていることは、そのことを象徴的に示している)。彼は、阿字観こそが密教の心髄であるとし、天才的直観によって、阿字観と呼吸法を結びつけるとともに、死の作法として阿字観を位置づけている(『阿字観』『一期大要秘密集』など)。覚鑁は、阿字観に秘められたエッセンス志向を鋭く見抜き、それを極限にまで磨きあげたのである。

阿字観には、大日如来の叡知を直接体験することを可能にする力が秘められている。それこそ、すべての出発点であり、また終着点である。それを本当に理解できれば、ほかにはなにもいらない。

ひたすらエッセンスに向かおうとする覚鑁上人の考え方は、とてもすがすがしいものだ。

これに対してチベットでは、ゾクチェンこそ密教の究極の精髄だと考えられてきた。そして、グルヨーガは、その最も中心的な修行のひとつなのである。その意味で、ゾクチェンのグルヨーガは、阿字観が行タントラにおいて占めるのとよく似た位置にあるといえる。この二つは、螺旋状に回転しながら高度化する密教の教えの音楽の、ことなる音階における主調音(トニック)のようなものなのである。

ア字の意味についての解釈も基本的に同じだ。

密教とゾクチェンに共通の「グル」の意味について、アヌヨーガの根本タントラである『密意集会』(spyi mdo dgongs pa 'dus pa)には、こう書かれている。


グルの意味は、以下の七つにまとめることができる。

外的には、さまざまな疑いを断ち切ってくれた知者たるグル。

内的には、秘密真言の口伝を説いてくれた慈愛深きグル。

秘密には、不生なる心の本性を教えてくれた根本のグル。

自然なる土台のグル。

清浄なる自心のグル。

顕現する象徴のグル。

人間の血脈のグル。

こうして、ア字は、不生の真実を直観するみずからの心の本性＝明知の境地であるとともに、真実を説いてくれたすべてのブッダや師匠を、統一して象徴している。「統一」といっても、ばらばらに切り離されたものを、べつべつに足したり、まとめたりしたわけではない。それらの存在はすべて、明知である原初仏の法身クントゥサンポ――大日如来といっても同じだ――のことなる表現であり、もともと根源的な統一状態にある。そのことを、ア字は象徴しているのである。

こうしてみると、阿字観とグルヨーガには、その意味についても、深い一致があることがわかる。けれども、白いア字のグルヨーガには、「不生」とか「菩提心」という言葉だけでは表現しきれない、もっと別の意味もあるのである。わたしたちの存在の土台には、空なる法身から報身へとむかう自然発生的な光の波動の湧出がある。グルヨーガは、見かけの単純さのなかに、その法身からの原初的な光の発生の瞬間をも表現し、体験させようとしているのである。

注釈でも説明されているように、グルヨーガにおけるア字は秘密の音（sgra）を、白い色は根源的な光（'od）を、そしてその周囲の五色のティクレ（円輪）は、そこからさらにことなるスペクトルに分光した光線（zer）を象徴しているとされる。

音、光、光線（sgra 'od zer gsum）をめぐる理論は、ゾクチェンのなかでもとくにニンティク（メンガギデ）のなかで発達したものだ。ゾクチェンの哲学は、心の本性が、空であるとともに光明であるということの意味を徹底して考え抜いてきた。とくに、ニンティクの教えは、原初の叡智の意味をブッダの三身論と直接結びつけ、空性から溢れだしてくる純粋な知恵の光のヴィジョンをめぐる深遠きわまりないユニークな理論を生み出したのである。音、光、光線は、それをもっとも深いレヴェルで表現しており、ゾクチェンのニンティクと関連して発達した教えに、しばしば登場する。

たとえば、マハーヨーガとゾクチェンの結合のなかから生まれた『バルド・トドゥル（bardo thos grol）』（いわゆる『チベット死者の書』）には、死後のはだかの意識にあらわれてくる強烈な光や音のヴィジョンについて、こう書かれている。

ああ、よき人よ、あなたのからだと心が離ればなれになるとき、存在の本性（法性）の純粋な顕現があるだろう。この顕現は精妙であり、色彩と光にみちている。光輝にかがやき、その本性は眩惑させ、あなたをおののかせるものであり、初夏の野に陽炎が立ち上るようにゆらゆらと揺れ動く。それを恐れないようにしなさい。おびえたり、こわがったりしないようにしなさい。それこそ自分自身の存在の本性の顕現であると悟りなさい。

光のなかから、存在の本性からわきおこる轟音が大きな雷鳴となって、千の雷が一度に鳴り響くように響くだろう。それもまたあなた自身の存在の本性の音だから、これを恐れてはならない。おののいたり、怒ってはならない。

（中略）

音、光、光線の三つが迫ってきても、けっしてあなたに害を加えることはできない。あなたは死ぬことがないのだから、ただそれが自分自身の顕現であると悟ればいいのだ。

ここでは、死後の状態における強烈な光のヴィジョンの現出が描かれている。死後にあらわれてくる強烈な音や光のヴィジョンは、意識の根源的土台からあらわれてきたものであって、外部の対象ではない。生きているときも死んでからも、意識の本質は変わらない。けれども、死後のバルドにおいては、音、光、光線は、生命体の拘束条件からはなれて、より強烈なはだかの状態であらわれてくる。だから、その意味について、死者にしっかり説明することがとても大切だと考えられているのである。もちろん、生きているあいだにその意味をはっきり理解して修行できれば、いちばんいい。

心には実体はない。けれども、すべての現象を映し出す鏡としての心の本性＝明知は、空であるとともに、そこにはすべての現象を映現することのできる潜在状態のポテンシャルが内蔵されているのである。それをもっとも原初的なレヴェルでとらえたとき、純粋波動としての「音」――これは物理的な音ではない――、そこから派生する「光」、それが五色にスペクトル分光した「光線」の三つのアスペクトをもつ「原初の潜在ポテンシャル」(ye gzhi thugs-rje gsum)としてあらわれてくる。これは、具体的なかたちをもった報身の神々として現出する以前の存在レヴェルにあたるのである。

この「原初の潜在ポテンシャル」をめぐるゾクチェンの波動的哲学は、「法身説法」が自性法身において行なわれるのか、受用法身において行なわれるのかという、日本の真言密教の論争とも深くかかわっている。

空なる土台からたえず湧き出している秘密の音と、物質的な波動として全身を通過していく真言の音がひとつに融合したとき、真言行者は「原初の知恵の自然の音」（ye-shes kyi rang-sgra）としての真言の真実義を悟る。すべての空間を、法界から湧き起こる原初の知恵の自然の音がみたし、ふつうの意識には隠されている光の浄土が開かれてくる。もう口に真言を唱える必要もなくなる。ほんとうは、どんな時でも、空なる土台から、たえることなく、肉の耳には聞こえない秘密の音の波動と、肉の目には見えない渦巻く無数の光が湧き出している。そのことをはだかの意識で体験するのである。そういう土台からの純粋きわまりないエネルギーの湧出を自然状態において体験している解き放たれた意識のありようを、『大日経』は純粋な光に輝く法身大日如来やその説法として表現している。

法身は、つねに純粋な自然状態の音ならぬ音の波動において説法している。その秘密の音の波動は、輪廻の物質の世界との接触面において、人間的知性の意味の言葉に翻訳された「授記」や「説法」や「情報」に変換され、あるいは物質や外的自然の縁起の世界における共時的な出来事として表現されてくる。わたしたちの考えでは、「法身説法」は、そのような多様なアスペクトをもった純粋波動の変換プロセスの全体を、たくみに表現しているのである。

この自然に湧出してくる原初の潜在ポテンシャルから、ブッダの境地と輪廻のすべてが生まれる。空なる土台から放射される純粋状態の光を、自己の本質の幻のようなあらわれとしてあるがままに認識すれば、ブッダだし、他者として二元論的に認識し、執着すれば、錯誤の輪廻につなぎとめられる。五感の対象には、実体があると、わたしたちは、ふつう信じている。けれどもその本質は、空なる光である。純粋状態の光を固い実体のあるもののように見ることから、物質化と輪廻の過程が始まる。この観点からすれば、ブッダの境地も、生命の意識現象も、すべてこの「原初の潜在ポテンシャル」から展開したものであり、複雑に重層するダイナミックなマンダラを作りなしていると考えることができる。

こうして、ゾクチェンの波動的哲学によれば、輪廻もニルヴァーナも、すべて、みずからの存在の土台から湧き起こる純粋状態の光の波動からできあがっている。そのことについて、マハーヨーガの根本タントラである『秘密精髄（グヒャガルバ）タントラ』(sgyu 'phrul gsang-ba snying-po) は、こんなふうに表現している。

金剛の蘊は、五人の完全なブッダである。すべての界と対境（感覚対象）は、菩薩のマンダラである。
地と水（の原質）は、仏眼仏母とママーキ。
火と風（の原質）は、パンダラヴァスィニとターラ。
空は法界自在母。
三界は、すべてのはじまりから清浄である。
かくのごとく、輪廻とニルヴァーナの一切の現象は、
原初の時からブッダであり、
その自性において不生である。にもかかわらず、
十人の男女の如来のごとく、

幻術のように姿を現わす。
それ故、一切の法は、
もともとのはじまりから悟っており、
その自性においてニルヴァーナである。

ここでは、五色に分光した光線が、純粋状態の知恵と元素のエッセンスの「不二」として、――深々と交合する合体仏のイメージは、そのことを象徴している――たえざるたわむれに満ちた運動の相においてあることが表現されている。ニルヴァーナの光は、物質の輪廻の世界にもたえず浸透している。そのことをタントラの言葉は、あざやかに表現している。

ぎゃくにいうと、純粋状態にある潜在ポテンシャルの発出を、みずからの顕現だと認識し、悟りの状態にとどまりつづけることができれば、輪廻の物質化の過程を反転し、すべてをその土台である空なる無限空間に溶融することも可能だということになる。人間の意識活動も物質も、あざやかな光に満ちたブッダの浄土のヴィジョンも、存在の原初の土台に溶けいってしまう。肉体の構成要素は、その精髄に溶けいってしまう。

そういう究極の悟りを、ゾクチェンは「虹のからだ」（'ja' lus）と呼んできた。死後、あるいは生きているうちから、肉体は純粋状態の光に融解し、消滅してしまうのである。

この「虹のからだ」の悟りは、現在にいたるまで無数に目撃されてきた。たとえば、一九九八年九月、東チベット、カム地方のニャクロンで遷化した高僧ケンポ・アチューの遺体は、居室に安置されていたが、どんどん収縮し、七日目には爪と髪だけをのこして完全に消滅してしまったのである。じっさい、チベットの民衆が抱いてきた深い信仰は、この「虹のからだ」をはじめとする無数の悟りの実例の生々しい記憶にささえられてきた。

そして、じつは『大日経』は、「虹のからだ」を本格的な主題にはしなかったけれども、それについて、体験的にはよく知っていたようにも思われるのである。『大日経』の「秘密曼荼羅品」は、真言修行の結果得られる究極の悟りについて、だいたいこんなふうにいっている。

秘密の灌頂を受け、やむことなく修行を続け、心の連続体が清らかになるまで、未熟なるものを成熟させていくと、悟りが生まれる。真実を見ることは、過去の無数のブッダと同じである境地にいたるのである。空性の悟りのなかにあって、その清らかな行為と心は一体である。そこから思うがままに、さまざまな神通が生まれる。そして、この意識と物質が収斂する場において、身体もまた、不思議な光でできた虹の身体に変成するのである。『大日経』は、真言修行のもたらす究極の結果について、こう述べている。

身体の秘密もそのようである。身体でもなく識でもない。また眠っているあいだの夢のなかで、さまざまな天界の宮殿に遊びながら、この身（肉体）も捨てず、また天宮に（身体が）行くわけでもないのと同様である。このように、ヨーガの夢の真言行に住する者の、功徳から生まれる身体のありさまは、まるで虹のようである。

（『大日経』秘密曼荼羅品）

こうして、わたしたちは、ゾクチェンと『大日経』、グルヨーガと阿字観のあいだに横たわる、深々とした共通性に気づかされる。それらは本質を同じくし、後者に潜在していたテーマやプログラムが、前者によって発展させられ、完成されるような関係にあるのである。『金剛頂経』『大日経』を金剛薩埵から受けたナーガルジューナの名前は、ゾクチェンの相承系譜のなかにも登場する。「経典」として成立する以前の口伝にまでさかのぼって考えてみたとき、両者は同じ土台から生まれた兄弟のようなものだ、とわたしたちには思われる。

現在のわたしたちは、地球と呼ばれる惑星の上に生存してきた人類の存在の意味を問い直す時期にさしかかっている。わたしたちが直面している危機は、西洋と呼ばれるプログラムから生まれたものだから、そのなかには直接の解決はない。また、東洋と呼ばれる円環する時間に、単にふたたびもどることもできない。それらはいずれも、固有の「無明」のかたちから生まれたものであり、叡智のかすかな光と無明のからみあった複雑な織物として存在しているからである。

わたしたちは、存在の根源に突き抜けていかなければならない。生命に内蔵されている可能性を閉じこめている現在の文化の仕組みを柔かく乗りこえ、無明を突き抜け、根源から湧出する叡智をくみあげる必要がある。人間の意識に内蔵されている可能性を開き、生命にはらまれている存在の叡智の光を、現象の世界のただなかに実現していく。ゾクチェンの伝統は、そのような現代的課題に直面するにあたって、きわめて大きな可能性をもっているものだとわたしは考える。

新しい世紀は、ゾクチェン＝仏教＝アボリジニー的なものとなるだろう。その世紀の変わり目に、この本を送り出せることに、深い幸福を感じる。

あとがき

翻訳にあたって、根本テキストはチベット語のオリジナルから直接訳した。古代チベット語をまじえた省略の多い文章であり、言葉を補ったところもある。その場合、括弧にくくって示してある。また、括弧のなかに、漢語仏典の用語を補った場合もある。不明な点については、著者にどしどし質問し、明らかにするようにした。そのため、文意の解釈や訳語の選択については、ジョン・レイノルズによる英訳とは一致しないところがある。とはいえ、ことなる文化的文脈のなかにゾクチェンの思想をまるごと移植しようとするその豊かな試みには、しばしば勇気づけられた。またレイノルズによる英語版序文は、ゾクチェンの背景についての格好の導入であると考えて、そのまま訳出することにした。

訳文は、原文に忠実であることをモットーにするとともに、意味をつたえることを大切にした。いずれにせよ、もしなんらかの過ちがあったとしたら、すべて訳者の責任である。この解説もふくめ、本書がゾクチェンの精神をゆがめることなく伝えるものであることを、グル、デヴァ、ダーキニーの三つの根本に祈らずにはいられない。

この本ができ上がるまでには、たくさんの方々のご協力をいただいた。そのすべてのお名前をここであげることはできないけれども、テープ起こしをしてくれた友人のイゴール、加世田光子、田沼尚子さんの名前はどうしても書きとめておきたい。場所と文献を惜しみなく貸し与え、マイペースで仕事を続けるわたしを暖かく見守り、助けて下さった円満寺の国立恵俊住職、檀家の皆様にも、深い感謝を捧げたい。辛抱強くつきあって下さった編集者の林美江さん、ありがとうございました。

著者のナムカイ・ノルブ・リンポチェに対する深い感謝は、言葉では表現できない。この本を、すべての真実の導師の長寿にささげる。

一九九八年五月　日本国如意山円満寺——イタリア・メリガル——ネパール・ボードナート

永沢　哲

——二〇〇〇年三月　如意山円満寺

སྤྱིར་རི་མཚམས་དབུ་རྩུགས་པའི་ཚ་
ཆེན་དུ་དམིགས་ཏེ། རྫོགས་ཆེན་པ་
ནམ་མཁའི་ནོར་བུས་རྩུ་མོ་ཡག་གི་ཡོ་
ཏོར་ཟླ་བཅུད་པའི་ཚོམས་སུམ་ཙུ་བཀྲ་ཤིས་
ཉི་མའི་ཉིན་རྫོགས་པར་སྤེལ་བ་དགེ།།

།ཉིན་བྱེད་མཁའ་ལ་འཆར་བཞིན་གསལ་བ་ཙམ།
51 །ཚུལ་འདི་དད་བརྩོན་དྲན་པ་ཏིང་འཛིན་དང་།
།ཤེས་རབ་དབང་ལྡན་གདུལ་བྱའི་སྤྱོད་ཡུལ་དུ།
།ཐེག་པ་མཆོག་ལས་ཇི་ལྟར་གདམས་པ་བཞིན།
།མཐུན་རྐྱེན་ཚོགས་པར་བསྒྲུབ་ལ་མཁས་པར་ཤོག།
52 །དེ་སྐད་ཀུན་བཟང་དགའ་རབ་དོ་རྗེ་ཡི།
།དགོངས་བརྒྱུད་ཀུང་དུའི་ཚིག་ཏུ་དྲིལ་བའི་དགོས།
།བདག་ཅག་མཁའ་མཉམ་འབྲེལ་ཐོབ་མ་ལུས་པ།
།ཀུན་བཟང་རྒྱལ་བའི་གོ་འཕང་མྱུར་ཐོབ་ཤོག

འདི་ནི་ཐེག་པ་མཆོག་གི་རྣལ་
འབྱོར་ལ་མོས་པ་ཨ་མཆོག་ལྡན་སྐུ་ཞབས་
པཏུལ་ཨཱ་ནནྡ་སོ་ཏ་སྐུ་ཞི་བར་གཤེགས་
པའི་དྲན་གསོས་སུ་ཆེད་དུ་དམིགས་
ཏེ། ཨ་རིའི་ཤར་ཕྱོགས་ཀྱི་ལྗོངས་སུ་
ཡོད་པའི་ཁོན་ལྗོ་རྫོགས་ཆེན་འདུས་

།ཆོས་ཉིད་དེ་བཞིན་ཉིད་དུ་སྣང་བ་ཡིན།
47 །ཚོགས་དྲུག་ཡུལ་དུ་སྣང་བའི་ཆོས་རྣམས་ཀུན།
།གསལ་ལ་རང་བཞིན་མེད་པར་གནས་པའི་ཕྱིར།
།ཞི་སྣང་གསལ་བའི་རང་བཞིན་ངོ་ཤེས་པས།
།གསལ་བ་ཡེ་ཤེས་ཉིད་དུ་སྣང་བ་ཡིན།
48 །ཕྱིར་སྣང་ཆོས་ཉིད་ནང་རིག་ཡེ་ཤེས་ཏེ།
།གཉིས་མེད་བདེ་ཆེན་ཐུགས་རྗེའི་བདག་ཉིད་ཕྱིར།
།འདོད་ཆགས་བདེ་ཆེན་རྩལ་དུ་ངོ་ཤེས་པས།
།ལྷུན་འཁྲུམས་བདེ་ཆེན་ཡེ་ཤེས་སྣང་བ་ཡིན།
49 །སྐུ་གསུམ་སྐོ་ནས་འགྲོ་དོན་འབྱུང་བ་ཡང་།
།ཉོན་མོངས་དུག་གསུམ་སྐུ་དང་ཡེ་ཤེས་སུ།
།ཡོངས་སུ་སྣང་ཕྱིར་དེ་ལས་བྱུང་བ་ཀུན།
།སྐུ་དང་ཡེ་ཤེས་ཉིད་དུ་གནས་པ་ཡིན།
50 །ཉོན་མོངས་མེད་པས་འཁོར་བའི་རྒྱུ་བྲལ་བ།
།དེ་ལ་མྱང་འདས་ཞེས་སུ་བརྗོད་མོད་ཀྱང་།
།མ་བཅོས་ལྷུན་གྲུབ་ཇི་སྙེད་ཡོན་ཏན་ཚོགས།

།སྐུ་གསུམ་རང་བཞིན་མཆོག་ཏུ་གསལ་བར་འགྱུར།

43 །དེ་ལྟའི་རྣལ་འབྱོར་སྐྱོང་པོ་ཉིན་མཚན་དུ།
།ཏིང་འཛིན་ཁོར་ཡུག་ཆེན་པོར་བརྩུམས་པ་ན།
།འབྱོངས་དང་ཉོན་མོངས་ལམ་སྦྱོང་སྐུ་གསུམ་གྱིས།
།མཁའ་མཉམ་འགྲོ་དོན་བྱེད་པའི་ཚད་ངེས་འགྱུར།

44 །འབྱོངས་ཚད་རྨི་ལམ་ཉིད་དུ་ངོ་ཤེས་ཤིང་།
།བདེ་སྡུག་ཞེན་པས་མ་གོས་མཉམ་ཉིད་དང་།
།ཡེ་ཤེས་སྐྱེ་ཕྱིར་ཀུན་སྣང་གྲོགས་སུ་ཤར།
།འཁྲུལ་པའི་རྒྱུན་ཆད་ཆོས་ཉིད་ངང་ལ་གནས།

45 །ཨ་ཏི་ཡོ་གའི་ཉམས་ལེན་པ་དེ་ནི།
།ཉིན་མཚན་ཆོས་ཉིད་ངང་ལས་མ་གཡོས་ཕྱིར།
།དགུགས་ཀྱི་བར་མ་དོ་ནས་འཚང་རྒྱ་ཞེས།
།བདག་ཉིད་ཆེན་པོ་དགའ་རབ་རྡོ་རྗེས་གསུངས།

46 །ཉོན་མོངས་ལམ་སྦྱོང་ཆོས་ཀུན་དབྱེར་མེད་པར།
།ཆོས་ཉིད་ངང་གནས་ཀུན་རིག་དམིགས་མེད་ཕྱིར།
།གཏི་མུག་མི་རྟོག་པ་རུ་ངོ་ཤེས་པས།

།འཁྲུལ་གྲོལ་སྣ་དང་ཡེ་ཤེས་གྲོགས་སུ་ཤར།
39 །ཐོ་རངས་ཡེ་ཤེས་རང་སོ་མ་བཅོས་པ།
།སྒོམ་མེད་ཡེངས་མེད་རྣལ་མར་བཞག་པར།
།རང་བཞིན་མི་རྟོག་ལྷུན་ནེར་གནས་པ་དེ།
།བླ་མ་ཀུན་ཏུ་བཟང་པོའི་དགོངས་པར་ཤེས།
40 །དེ་ཀའི་རང་ངོར་བལྟས་ཏེ་སྒོམ་མཁན་ལ།
།གཅེར་གྱིས་བལྟས་པས་ངོས་བཟུང་གྲུབ་པ་ཡི།
།རང་བྱུང་ཡེ་ཤེས་སལ་ལེ་རྗེན་ནེ་བ།
ཤར་གྲོལ་གཉིས་མེད་ཡེ་ཤེས་སྐྱེ་བར་འགྱུར།
41 །དེ་ཚེ་གཉིས་འཛིན་ཀུན་རྟོག་ལས་འདས་པའི།
།སྣང་བ་ཡུལ་གྲོལ་མི་རྟོག་ཡེ་ཤེས་གསལ།
།ཤེས་པས་མ་བསླད་གསལ་བའི་ཡེ་ཤེས་གསལ།
།གཉིས་སུ་མེད་པས་བདེ་བའི་ཡེ་ཤེས་གསལ།
42 །ཆོས་ཀུན་ཆོས་ཉིད་རང་དུ་རྟོགས་འགྱུར་བས།
།ཀོལ་བ་མེད་པའི་ཡེ་ཤེས་མཆོག་ཏུ་གསལ།
།ཇི་སྙེད་ཡེ་ཤེས་ཡོངས་སུ་གསལ་བ་ཡིས།

།མི་རྟོག་ཆོས་ཉིད་ངང་དུ་གནས་པར་འགྱུར།
35 །ཡང་ན་སྐད་ཅིག་ཤེས་པ་ལ་བལྟས་པས།
།གནས་འགྱུ་རི་རང་ངོ་གང་ཡང་མཐོང་མེད་པ།
།སེང་ངེ་བ་ཞིག་འབྱུང་བ་དེ་ཀ་རི་ངང་།
།ཤེས་པ་ཙན་ནེར་བཞག་ཅིང་གཉིད་དུ་ཡོག
36 །གཉིད་དེས་ཆོས་ཉིད་གསལ་བའི་རྒྱན་ཤུས་ནས།
།རིག་པ་ཆོས་དབྱིངས་ངང་ལ་ཡོངས་ཐིམ་སྟེ།
།ཧྲི་གྲིད་གཉིད་དུ་ཡོག་པའི་རྒྱུན་དེ་གྲིད།
།ཆོས་ཉིད་ཁོ་ནའི་ངང་དུ་གནས་པ་འགྱུར།
37 །ལུས་ཀྱི་བག་ཆགས་སྣང་བའི་བག་ཆགས་དང་།
།ཡིད་ཀྱི་བག་ཆགས་རྣམས་དང་ཡོངས་བྲལ་ནས།
།ཡིད་མི་འབྱུང་ཞིང་ཆོས་ཉིད་ངང་གནས་པ།
།རང་བཞིན་འོད་གསལ་འདྲེས་པའི་ཚོད་དུ་ཤེས།
38 །གཉིད་ཀྱི་རྟོག་པ་གང་ཡང་མི་འབྱུང་ཞིང་།
།རིག་པ་མར་ཐིམ་ཆོས་ཉིད་ངང་དུ་གནས།
།ཧྲིས་ཐོབ་རྨི་ལམ་ཉིད་དུ་ངོ་ཤེས་ཤིང་།

31 །ཤེས་བྱའི་སྒྲིབ་པ་རྣམ་པར་དག་པའི་ཕྱིར།
།ཆོས་ཀུན་ཆོས་ཉིད་ཇི་བཞིན་མཁྱེན་པ་དང་།
།རྟོགས་བྱ་རྟོགས་བྱེད་གཉིས་མེད་ཡོངས་གྲོལ་བས།
།རྣམ་མཁྱེན་དེ་བཞིན་གཤེགས་པའི་རིགས་སུ་ཤེས།

32 །མཚན་མོའི་རྣལ་འབྱོར་ལམ་དུ་ཁྱེར་བ་ནི།
།སྲོད་དང་ཐོ་རངས་རྣལ་འབྱོར་གཉིས་ལ་བསླབ།
།སྲོད་ལ་དབང་པོ་མཉམ་པར་བཞག་པ་སྟེ།
།དེ་ཡང་བསམ་གཏན་གཉིད་དང་བསྲེ་བར་བྱ།

33 །གཉིད་དུ་ལོག་ཁར་རང་གི་སྙིང་མཚམས་སུ།
།ཨ་ཡིག་དཀར་པོའམ་འོད་ལྔའི་ཐིག་ལེ་ནི།
།སྲན་མའི་གོང་བུ་ཙམ་དུ་གསལ་བ་ལ།
།ཤེས་པ་གཏད་ཅིང་ལྷོད་དེ་གཉིད་དུ་ལོག

34 །ཀུན་ཏུ་རྟོག་པའི་དྲི་མས་མ་སྦགས་ཤིང་།
།ཚོགས་དྲུག་རང་སར་ལྷུག་པའི་ངང་ཉིད་དུ།
།གཉིད་དུ་ཞུགས་ན་རང་བཞིན་འོད་གསལ་ཏེ།

27 ། བོགས་དབྱུང་མ་བཅོས་ལྷུན་གྲུབ་དང་ཉིད་དེར།
། སྐད་ཅིག་ཤེས་པ་མ་བཅོས་ལྷན་ནེར་བཞག
། མི་རྟོག་རིག་པ་སལ་ལེ་ཧྲིག་གེ་བ།
། ཤེས་རྒྱུན་དེ་ཀ་མ་ཡེངས་བརྟན་པར་བསྐྱང་།
28 ། མཉམ་བཞག་བྱིང་རྒོད་དབང་དུ་མི་འགྱུར་བར།
། ཆོས་ཉིད་སྟོང་པ་ཉིད་དུ་སྣང་བ་དང་།
། རྗེས་ཐོབ་ཤེས་པ་ཉོན་དབང་མི་འགྱུར་བར།
། སེམས་ཉིད་དེ་བཞིན་ཉིད་དུ་བསྐྱང་བར་བྱ།
29 ། སྒོམ་ཉམས་བསྒོམ་དང་མི་བསྒོམ་གཉིས་མེད་དང་།
། ཀུན་སྣང་ཏིང་འཛིན་རོལ་པར་ཡོངས་ཤར་ཞིང་།
། ཆོས་རྣམས་ཀུན་གྱི་ཆོས་ཉིད་ཇི་བཞིན་པ།
། ཡེ་བབ་གནས་ལུགས་དང་ལས་གཡོ་མེད་འབྱུང་།
30 ། སྐུ་ནི་སྣང་དང་མི་སྣང་ཆོས་རྣམས་ཀུན།
། ཆོས་ཉིད་དང་དུ་རང་སར་ཡོངས་དག་པས།
། གཉིས་སུ་མེད་པའི་སྐུ་མཆོག་ཐོབ་པ་དང་།
། ཀོས་པ་མེད་པའི་ཡེ་ཤེས་དམ་པ་སྐྱེ།

23 །ཉོན་མོངས་དུག་ལྔའི་ཀུན་རྟོག་གང་ཤར་བ།
།དེ་ཀའི་རང་ངོར་འཛིན་མེད་ལྷུག་པས་གྲུང་།
།གཉེན་པོས་སྤང་དང་ཐབས་ཀྱིས་བསྒྱུར་མིན་པར།
།ཉོན་མོངས་ལམ་སློང་རང་གྲོལ་ཡེ་ཤེས་སྐྱེ།
24 །སྒོམ་ཉམས་གསལ་ཞིང་སྟོང་པར་སྣང་བ་དང་།
།སྣང་ལ་སྟོང་པའི་ངང་དུ་གནས་པ་དང་།
།འགྱུ་ཞིང་སྟོང་དང་བདེ་ལ་སྟོང་པ་སོགས།
།བདེ་གསལ་མི་རྟོག་ཤེས་ཉམས་ཅི་རིགས་འཁྲུང་།
25 །སྐུ་ནི་ཆོས་ཀུན་ཆོས་ཀྱི་སྐུར་རྟོགས་ཏེ།
།མ་བཅོས་ཤེས་པ་དེ་བཞིན་ཉིད་ཀྱི་ངང་།
།གཉིས་མེད་མཉམ་རྫོགས་ཐིག་ལེར་བཟླུམ་པའི་ཕྱིར
།ཡེ་ཤེས་སྐུ་ཐོབ་གསལ་བའི་ཡེ་ཤེས་སྐྱེ།
26 །གཟུང་ཡུལ་ཆོས་ཉིད་སྣང་བས་ཉོན་སྒྲིབ་དག
།རིག་པའི་ཡེ་ཤེས་སྐྱེས་ཕྱིར་ཚུལ་ངན་གྲོལ།
།ཉོན་མོངས་བག་ཆགས་སྒྲིབ་ལས་རྣམ་གྲོལ་བས།
།འཕགས་པ་བྱང་ཆུབ་སེམས་དཔའི་རིགས་སུ་ཤེས།

19 ། བག་ཆགས་སྨིན་པ་ཡོངས་སུ་དག་པ་ཡིས།
། ཉོན་མོངས་མདོར་དུ་མི་སྐྱེ་བག་ལ་ཉལ།
། དེ་ཕྱིར་གང་ཟག་ཡིན་ཀྱང་འཁོར་གནས་ལས།
། གོང་དུ་འཕགས་པས་འཕགས་པའི་རིགས་སུ་ཤེས།
20 ། ལྷུག་པའི་མནར་ངག་ཕྱིར་སྣང་མ་བཅོས་པར།
། ཇི་ལྟར་ཤར་བ་རྒྱན་གྱི་ངང་ཉིད་དེར།
། རང་རིག་མ་བཅོས་གསལ་སྟོང་རྗེན་ནེ་བ།
། དེ་བཞིན་ཉིད་དུ་རང་སར་གློད་དེ་ལྷུག
21 ། ཚོགས་དྲུག་ཡུལ་ལ་མི་དཔྱོད་སལ་ལེ་བ།
། འགགས་མེད་རྒྱན་དུ་ཤར་བ་དེ་ཁོ་ན།
། འཛིན་མེད་རིག་པའི་རྩལ་དུ་ཡོངས་རྫོགས་པས།
། གཉིས་མེད་ངང་དུ་སྐྱོང་བ་ལྷུག་པ་ཡིན།
22 ། མཉམ་བཞག་སྒོ་ལྔའི་ཡུལ་ལ་མི་དཔྱོད་པར།
། གསལ་དྭངས་མི་གཡོ་འཛིན་མེད་ལྷུག་པར་ཤར།
། རྗེས་ཐོབ་གཟུགས་སྣང་མེད་བཞིན་སྣང་བ་སོགས།
། ཚོགས་དྲུག་ཡུལ་ལ་བརྟེན་པའི་ཡེ་ཤེས་སྐྱེ།

15 །མཉམ་བཞག་ཀྱིང་ཀོད་དབང་དུ་མི་འགྲོ་བར།
།སལ་ལེ་ཧྲིག་གེ་ཏིང་ངེར་གནས་པའི་ངང་།
།དེ་ལ་དཀྲུག་སྐྲུང་བཙན་སྤྲོས་ཅི་བྱས་ཀྱང་།
།གཡོ་མེད་རང་སར་གནས་ཤིང་རང་གྲོལ་ལ།
16 །རྗེས་ཐོབ་ཏིང་འཛིན་དེ་ལས་ལྡང་ན་ཡང་།
།ཤེས་པ་རྐྱེན་དབང་མི་འཆོར་བརྟན་པའི་ཚད།
།སྒོམ་ཉམས་འོད་དམ་ཉི་ཟླ་འཆར་འདྲ་དང་།
།སྣང་བ་དབུགས་སོགས་དམིགས་སུ་མེད་པ་འབྱུང་།
17 །རྗེས་ཉམས་ཀུན་སྣང་སྒྱུ་མར་མཐོང་བ་དང་།
།ཡང་ན་གང་སྣང་སྟོང་པར་འདུག་སྙམ་དང་།
།རིག་པ་མི་རྟོག་པ་རྡུ་ཚོར་བ་འམ།
།སྤྱོད་པར་གོལ་བ་མེད་པར་འདུག་སྙམ་འབྱུང་།
18 །སྐུ་ནི་ཡུལ་དཔྱོད་སེམས་རྟོག་སྟོང་མཐོང་ཕྱིར།
།སེམས་ཉིད་ཆོས་ཀྱི་སྐུ་མཆོག་ཐོབ་པ་དང་།
།ཡེ་ཤེས་མཚན་རྟོག་གང་གིས་མ་བསླད་པས།
།རྣམ་པར་མི་རྟོག་ཡེ་ཤེས་ཐོབ་པར་འགྱུར།

11 །དེ་ལྟར་ཤེས་པ་སྐྱེས་ཙམ་དེ་ཉིད་དུ།
།གཟུང་དང་འཛིན་པའི་གཉིས་རྟོག་ཡོངས་གྲོལ་ཞིང་།
།འཛིན་མེད་སྣང་བ་སྒྱུ་ནུ་གསལ་ལ་འཆར་ཏེ།
།སྣང་བ་ཆོས་ཉིད་ངང་དུ་གནས་པའོ།
12 །སྐད་ཅིག་མ་ཡི་ཤེས་པ་རྣལ་མ་ནི།
།ཆོས་ཉིད་མ་དང་འཕྲད་པས་ཆོས་ཀྱི་སྐུ།
།རིག་པ་ལྷུན་གྲུབ་ངང་ལ་གནས་པ་སྟེ།
།རྫོགས་པ་ཆེན་པོའི་དགོངས་པ་རྣལ་མ་ཡིན།
13 །བརྟན་པར་བསྲེ་དང་ལྷུག་པ་བོགས་དབྱུང་གི
།མན་ངག་གསུམ་གྱིས་ལམ་དུ་འཁྱེར་བ་སྟེ།
།བསྲེ་ཐབས་བདེ་བའི་སྔན་ལ་བག་ཡངས་སུ།
།ཁོང་གློད་མདུན་གྱི་མཁའ་སྣུ་ཡར་ལ་གཏད།
14 །ཡེངས་མེད་སྒོམ་མེད་ལྷུག་པར་བཞག་པ་ན།
།ཤེས་པ་འང་མ་ཡལ་ཕྱིར་འཛིན་ཞགས་གྲོལ་བའི་ངང་།
།གསལ་ཙམ་རིག་ཙམ་ཧད་དེར་གནས་དང་འཁྲུ།
།ཐ་དད་གཉིས་མེད་རིག་པ་རྗེན་གཅེར་ཤར།

7 །སྣང་བ་ཆོས་ཉིད་རྒྱན་དུ་ངོས་ཟིན་པས།
།ཚོགས་དྲུག་ལྷུག་པའི་སྣང་བ་རང་སར་གྲོལ།
།རིག་པ་ཡེ་ཤེས་ཉིད་དུ་ངོས་ཟིན་པས།
།ཉོན་མོངས་བག་ཆགས་སྣང་བ་རང་སར་གྲོལ།
8 །སྣང་རིག་དབྱེར་མེད་ཉིད་དུ་ངོས་ཟིན་པས།
།གཉིས་སུ་འཛིན་པའི་རྟོག་པ་རང་སར་གྲོལ།
།དེ་ཡང་གཅེར་གྲོལ་ཤར་གྲོལ་རང་གྲོལ་ཚུལ།
།རྣལ་འབྱོར་བློ་དང་བསྟུན་ཏེ་ལམ་དུ་ཁྱེར།
9 །ཐོལ་བྱུང་སྐད་ཅིག་དང་པོའི་ཤེས་པ་ནི།
།མ་བཅོས་སྐྱོ་མེད་ཤར་བའི་རིག་པ་སྟེ།
།གཟུང་འཛིན་མཐའ་ལས་འདས་པའི་དེ་བཞིན་ཉིད།
།གཉུག་མ་རང་བྱུང་རིག་པའི་ཡེ་ཤེས་ཡིན།
10 །དེ་ལ་ཀུན་བཟང་དགོངས་པའི་ཆོས་གསུམ་རྫོགས།
།བག་ཆགས་བྲལ་ཕྱིར་ཆོས་སྐུ་ངོ་བོ་སྟོང་།
།དམིགས་བསམ་བྲལ་ཕྱིར་ལོངས་སྐུ་རང་བཞིན་གསལ།
།ཞེན་ཆགས་བྲལ་བས་སྤྲུལ་སྐུ་འགགས་པ་མེད།

3 །རྟག་ཏུ་བློ་ལྡོག་རྣམ་བཞིས་རྒྱུད་སྦྱང་ཞིང་།
།རང་རིག་བླ་མར་ཤེས་པའི་རྣལ་འབྱོར་དང་།
།ནམ་ཡང་མི་འབྲལ་དུས་བཞིར་ཡེངས་མེད་དུ།
།དྲན་ཤེས་སྐྱོང་བ་རྣལ་འབྱོར་རྩ་བ་ཡིན།
4 །རྒྱུན་གྱི་འཁོར་ལོར་ཉིན་ཞག་ཐུན་གཅིག་གི།
།ལམ་ཁྱེར་གཙོ་བོར་ཉིན་དང་མཚན་དུ་ངེས།
།དུས་གསུམ་དབང་བྱེད་ཉིན་མོའི་རྣལ་འབྱོར་ནི།
།རྟོགས་དང་བརྟན་དང་བོགས་དབྱུང་གསུམ་དུ་འདུ།
5 །ཐོག་མར་མ་རྟོགས་རྟོགས་པར་བྱ་བ་ནི།
།ཇི་སྙེད་སྣང་ཞིང་གྲགས་པའི་ཆོས་རྣམས་ཀུན།
།སྣ་ཚོགས་སྣང་ཡང་བདེན་མེད་གཟུགས་བརྙན་བཞིན།
།སེམས་ཀྱི་ཆོ་འཕྲུལ་ཉིད་དུ་ཁོ་ཐག་ཆོད།
6 །སེམས་ཉིད་ཡེ་ནས་སྟོང་ཞིང་བདག་མེད་ལ།
།མེད་བཞིན་གསལ་ལ་ཆ་འགགས་མེད་ཆུ་ཟླ་ལྟར།
།གསལ་སྟོང་གཉིས་མེད་རིག་པའི་ཡེ་ཤེས་མཆོག
།རང་བཞིན་ལྷུན་གྲུབ་ཉིད་དུ་རྟོགས་པར་བྱ།

༄༅།།　　བོད་སྐད་དུ།

།གདོད་མའི་རྣལ་འབྱོར་གྱི་ལམ་ཁྱེར་
ཉིན་མཚན་འཁོར་ལོ་ཞེས་བྱ་བ།

།བླ་མ་དམ་པ་རྣམས་ལ་ཕྱག་འཚལ་ལོ།

1 །རིགས་ཀུན་ཁྱབ་བདག་བྱང་ཆུབ་རྡོ་རྗེ་དང་།
།ཨོ་རྒྱན་བསྟན་འཛིན་རྡོ་རྗེ་དཔལ་སྒྲོན་སོགས།
།རྫོགས་ཆེན་བརྒྱུད་པའི་བླ་མ་ཐམས་ཅད་ལ།
།སྒོ་གསུམ་གུས་པ་ཆེན་པོས་ཕྱག་བགྱིའོ།

2 །ཀུན་བཟང་དཔལ་ལྡན་རྡོ་རྗེ་སེམས་དཔའ་ཡིས།
།ཨ་ཏི་ཡོ་གའི་སྙིང་པོ་ལམ་ཁྱེར་རྩལ།
།སྟོན་མཆོག་དགའ་རབ་རྡོ་རྗེར་གདམས་པའི་བཅུད།
།ཅུང་ཟད་སྤྲོ་ལ་མཁའ་འགྲོས་གནང་བར་མཛོད།

昼と夜のサイクル

——チベット語テキスト——

ナムカイ・ノルブ (Namkhai Norbu)
1938年，東チベットのデルゲに生まれる。三歳の時，偉大なゾクチェンのラマの転生者として認められ，転生活仏の伝統的な教育を受ける。チベット学の泰斗トゥッチ教授によってイタリアに招かれ，後に，ナポリ大学東洋研究所においてチベット語，モンゴル語，チベット文化史を教える。現在，ナポリ大学名誉教授。世界各地でゾクチェンの教えを伝授している。
著書：『虹と水晶』(法藏館)，『ゾクチェンの教え』(地湧社) など。

永沢　哲 (ながさわ　てつ)
1957年鹿児島県生まれ。東京大学法学部卒業。宗教人類学。京都文教大学准教授。
「わたしたちはどこからやってきたのか，いまどこにいるのか，そして，これからどこに向かうのか」が現在のテーマ。
著書に『野生のブッダ』(法藏館)，『野生の哲学』(筑摩文庫)，『瞑想する脳科学』(講談社メチエ)，訳書にナムカイ・ノルブ『夢の修行』(法藏館)，トゥルク・トンドゥップ『心の治癒力』(地湧社) など。

チベット密教の瞑想法

2000 年 5 月20日　初版第 1 刷発行
2011 年 7 月30日　初版第 4 刷発行

著　者　N・ノ　ル　ブ
訳　者　永　沢　　哲
発行者　西　村　明　高
発行所　株式会社　法　藏　館
京都市下京区正面通烏丸東入
電　話　075(343)5656
振　替　01070-3-2743
印刷・製本　亜細亜印刷株式会社

ISBN978-4-8318-7242-5 C1014